住まいのデザイン

北村薫子＋牧野　唯＋梶木典子
齋藤功子＋宮川博恵＋藤居由香
大谷由紀子＋中村久美＋光田　恵
［著］

朝倉書店

●執筆者●

北村　薫子（きたむら しげこ）	武庫川女子大学生活環境学部
牧野　　唯（まきの ゆい）	日本工業大学
梶木　典子（かじき のりこ）	神戸女子大学家政学部
齋藤　功子（さいとう のりこ）	畿央大学健康科学研究科
宮川　博恵（みやかわ ひろえ）	安田女子大学家政学部
藤居　由香（ふじい ゆか）	島根県立大学短期大学部
大谷由紀子（おおたに ゆきこ）	摂南大学理工学部
中村　久美（なかむら くみ）	京都ノートルダム女子大学生活福祉文化学部
光田　　恵（みつだ めぐみ）	大同大学情報学部

（執筆順）

はじめに

　この教科書は，住まいをデザインするために必要なこと・重要なことを学ぶために，住まいと生活に関する幅広い内容について解説しています．

◆

　内容は，3部構成になっています．
　「住まいと生活」では，住まいの使い手である居住者が，環境の大切さを理解して共生し，それとともに個々のライフスタイルを大切にしながら，住まいや地域社会でどのように暮らすか，災害時にどのような配慮が必要か学びます．
　「住まいのかたち」では，住まいのかたちの変遷を知り，居住者に優しい住まいを形作るためのデザインを学びます．さらに，住まいのデザインを伝えるための表現技術を習得します．
　「住まいの管理と快適性」では，生活の基礎となる安全と健康を維持するための住まいの管理を習得するとともに，居住者の個性や好みに応じた快適性を演出するための工夫を学びます．

◆

　授業で使う際には，他の科目とどのように関連しているか考えながら，学んでください．図や表をしっかり理解し，頭のなかに住まいの空間を描くように想像しながら読み進めてください．

2015年春

梅のつぼみの下で
執筆者一同

目　　次

◆住まいと生活◆────────────────────────────────

1. 循環型社会の住環境　　　　　　　　　　　　　　　　　　　　　　［北村薫子］ 1
　1.1　地 球 環 境　1
　1.2　循環型社会の快適な居住環境　3
　1.3　持続可能な住まい　5

2. 住み方・ライフスタイル　　　　　　　　　　　　　　　　　　　　［牧野　唯］ 7
　2.1　住生活の豊かさ　7
　2.2　ライフスタイルの多様化　9
　2.3　暮らしのかたち　11

3. 地域生活と協働の住まいづくり　　　　　　　　　　　　　　　　　［牧野　唯］ 14
　3.1　都 市 居 住　14
　3.2　郊 外 居 住　16
　3.3　複数拠点居住　18
　3.4　協働による居住の新しいしくみ─都市の再生と郊外再編─　20

4. 自然災害に備え，生きる　　　　　　　　　　　　　　　　　　　　［梶木典子］ 21
　4.1　自然災害の多い国　21
　4.2　地震・津波のメカニズム　22
　4.3　災害に備える住まい・暮らし　24

◆住まいのかたち◆────────────────────────────────

5. 住まいのかたち　　　　　　　　　　　　　　　　　　　　　　　　　　　　29
　5.1　日本の住まいの変遷　［北村薫子］ 29
　5.2　日本の伝統的住まい　［牧野　唯］ 31
　5.3　間取りの近代化　［齋藤功子］ 32
　5.4　現代の住まい（リビング，寝室，子ども部屋）　［宮川博恵］ 34

6. 集合住宅の住まい方　　　　　　　　　　　　　　　　　　　　　　［齋藤功子］ 36
　6.1　いろいろな集合住宅　36
　6.2　集合住宅の管理　38
　6.3　高層集合住宅での暮らし　40

7. 人 間 工 学　　　　　　　　　　　　　　　　　　　　　　　　　　　［宮川博恵］ 43
　7.1　人体寸法と動作寸法　43
　7.2　生活空間と寸法　46
　7.3　家具と人間工学　48

8. 福祉住環境　　　　　　　　　　　　　　　　　　　　　　　　　　　［藤居由香］50
　　8.1　アクセシブルデザイン　　50
　　8.2　高齢者のための福祉用具　　52
　　8.3　身体特性に適した住宅改修　　54
　　8.4　福祉住環境に関する法規　　56

9. 住まいの設計と表現　　　　　　　　　　　　　　　　　　　　　　［大谷由紀子］58
　　9.1　設計のプロセス　　58
　　9.2　表現の方法　　60
　　9.3　図面のルール　　64

◆住まいの管理と快適性◆―――――――――――――――――――――――――

10. 住まいと住生活の管理　　　　　　　　　　　　　　　　　　　　［中村久美］66
　　10.1　住生活における管理の重要性　　66
　　10.2　生活空間の管理　　67
　　10.3　生活財の管理　　71
　　10.4　居住地の生活管理　　74

11. 住まいの安全と健康　　　　　　　　　　　　　　　　　　　　　　［齋藤功子］77
　　11.1　住まいは安全か　　77
　　11.2　犯罪から家族を守る住まい　　78
　　11.3　健康的な住まい　　79

12. 住まいの快適性　　　　　　　　　　　　　　　　　　　　　　　　　［光田　恵］83
　　12.1　室内環境の要素　　83
　　12.2　熱環境　　83
　　12.3　音環境　　85
　　12.4　光環境　　86
　　12.5　空気環境　　87

13. 色の知識　　　　　　　　　　　　　　　　　　　　　　　　　　　［宮川博恵］90
　　13.1　色と文化　　90
　　13.2　色の基礎知識　　92
　　13.3　色の表示　　94
　　13.4　インテリアの色彩計画　　94

14. 住まいの材料　　　　　　　　　　　　　　　　　　　　　　　　　　　　　　97
　　14.1　住まいの構造と構法　　［北村薫子］97
　　14.2　各種の建築材料　　［北村薫子］98
　　14.3　機能性材料　　［北村薫子］103
　　14.4　住まいの維持管理　　［中村久美］104

参考文献　　　　　　　　　　　　　　　　　　　　　　　　　　　　　　　　　106
索　引　　　　　　　　　　　　　　　　　　　　　　　　　　　　　　　　　　109

1. 循環型社会の住環境

[北村薫子]

1.1 地球環境

1.1.1 地球環境問題

　地球環境を改善し良い状態に保つことは，近年，国を越えて議論され，個人レベルでも取り組まれている．かつて，開発や経済を優先する考え方と工業の発展によって，大気汚染，土壌汚染，水質汚染など環境破壊が進んだ時期があったが，現在は，締約国会議（COP：Conference of the Parties）などで環境問題を検討している．第1回の会議COP1が1995年に開催され，その後毎年，気象変動や砂漠化，生物多様性などについて議論されている．京都で開催された地球温暖化防止京都会議COP3では，2年間の議論の成果として京都議定書が採択された．この京都議定書では，先進国の温室効果ガスの排出量削減の数値目標を設定したが，各国間で意見の相違は大きい．二酸化炭素（CO_2）の排出量が多い国・地域は，中国，アメリカ合衆国，ロシア，日本，EUなどであるが，先進国のうちアメリカは京都議定書を批准していない．

　地球は，太陽からの日射を取り込み，気象活動を行い，生態系を維持している．取り込んだ日射エネルギーをもとに，地球上のさまざまな活動で生じた熱が利用され，残りの熱は宇宙に放出される．この大きなエネルギーの循環のなかに私たちの日常生活もある．入ってくるエネルギーをエクセルギー，出ていくエネルギーをエントロピーという．人間の場合は，エクセルギーが食事，エントロピーが排泄と放熱である．地球の場合もエントロピーとして放熱しなくてはならないが，現在の地球は温室効果ガスに覆われ徐々に温暖化している．ヒートアイランド現象や，オゾン層の破壊による有害な紫外線の地表面への到達，酸性雨などの問題のほか，異常気象現象がたびたび発生している．

1.1.2 気候と建築的工夫

　地球には，緯度，降雨量，海流などの影響から気候区分がある．低緯度の高温多雨の地域には森林が多く，高温少雨の地域には砂漠が広がる．中緯度は適度な気温と雨量により暮らしやすく，経済的に発展した国々が集中している．高緯度の北極圏や南極圏に近い地域は，1年を通して気温が低く，生活するには厳しい．

　こういった気候区分は，建築材料や建築構造に影響する．温暖で湿潤な地域は樹木が豊富に育つことから，木材を用いて建物を造ることが多い．

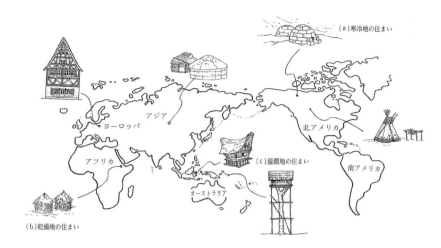

図1-1　世界の住まいのかたち（出典：「建築のテキスト」編集委員会編「初めての建築環境」学芸出版社，p.14，1996）

図1-2　日本の伝統的な住まいのかたち（出典：「建築のテキスト」編集委員会編「初めての建築環境」学芸出版社，p.15，1996／原出典：小原二郎監修「インテリアのアメニティ設計」松下電工）

　乾燥した地域は，土，石などを利用して建物を造る．極寒の地域では，樹木も草も育たず，土地は氷に覆われて石も採れない．こういった地域では，氷を利用して建物「イグルー」を造ることもある．

　建物にはその土地で産出される建築材料が使われ，気候に応じて建築構造が工夫されている．例えば高温多湿の地域では，高床住居や水上住居で暮らせるよう構造を工夫している．日本は温暖湿潤の地域であるが，夏の厳しい暑さをやわらげるため，日射を遮へいする深い軒と，通風のための大きな開口部を設ける住まいとなっている．

1.2 循環型社会の快適な居住環境

1.2.1 快適な住まいの外部環境

　南北に長く山間部の多い日本は，地域によって日射量，気温，降雨・降雪量，風向・風速などが異なる．資源の乏しい日本には，少ないエネルギーで快適に暮らす住まいの建築的工夫や，先人たちの生活上の知恵がある．

　住まいの良好な外部環境に求められるものは，地域によって大きな差はない．日常生活に直結する大気，水質，日照，土壌が良好で，交通の便が良く，騒音や渋滞がなく，社会的・文化的に安心できる土地に生活することは，誰にとっても望ましいことである．環境基本法（1993年）によって環境基準を設定し，環境の保全に努めているほか，建築基準法によって用途地域や市街化制限地域都市を指定し，都市機能の集約と居住環境の保持が図られている．経年した古い都市の再開発や区画整理，不良住居の改善が実施されることもある．

　住まいの敷地には，次のようなことが重要である．安全で衛生的な環境として，堅固な地盤で水はけが良いことが住宅地として求められる．洪水，無理な宅地開発による地すべり，近隣の工場からの汚染空気の流入などの危険がなく，日照と通風が確保されていることが基本的事項である．社会的環境として，交通手段が整備され，通学や買い物，病院への通院に心配がないことが望ましい．敷地や道路に余裕があり，火災時の延焼の危険がない一方で，通学の際に子どもたちが大きな道路を横断しなくてよい計画も重要である．さらに文化的環境として，教育施設や，スポーツ，レクリエーションのための施設が充実し，風紀が安定していることは生活者にとって望ましい．

1.2.2 循環型社会の住まいのエネルギー

　現代の住まいは，設備機器を用いて快適な室内環境を作り出すことができる．電気，ガス，水道のほか，照明，空調機器，情報通信機器など，便利で機能的な住まいとする設備は多くある．これらの設備は，エネルギーを使用して稼動させるものであり，快適性を求めると設備やエネルギーの使用量が増大する．室内環境には快適性とエネルギー使用のバランスが重要である．

　住まいの環境性能の評価には，建築環境総合性能評価システム（CASBEE：Comprehensive Assessment System for Built Environmental Efficiency）が用いられる．建物の品質を確保しつつ，地球環境保護の観点から環境性能を次の式で総合的評価する．BEEが高いほど環境性能が良い．

$$環境性能効率 BEE = \frac{建物の環境品質・性能 Q}{外部への環境負荷 L}$$

アメリカにおける環境性能の認証評価制度には，LEED（Leadership in Energy & Environmental Design）がある．日本の新築建築物でLEED認証を受ける場合もある．

日本におけるCO_2発生量のうち1/3が，建築に関わるものとされる．建設時の発生量だけでなく，日常の使用，修繕，解体に至るまですべての過程を考慮する必要があることから，建物のライフサイクル全体のCO_2発生量である$LCCO_2$を指標とすることが重要である．

この考え方は，建築分野だけでなく他の分野にもあてはまる．製造から流通，使用，廃棄に至るまでを対象とするライフサイクルアセスメント（LCA），ライフサイクルコスト（LCC）などである．製造時の廃棄物をなくすゼロ・エミッションや，$LCCO_2$が多い場合に他の対策を実施するカーボンオフセットもさまざまな業界で取り組まれている．

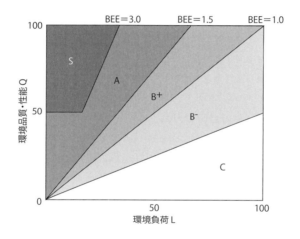

図1-3　CASBEEの評価方法（出典：飯野秋成「図とキーワードで学ぶ建築環境工学」学芸出版社，p.165，2013）

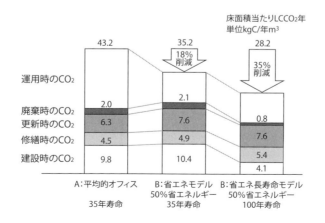

図1-4　オフィスビルの$LCCO_2$試算の例（出典：伊香賀俊治ほか「地球環境と都市建築に関する総合的研究」，1994科研費）

1.2.3 住まいで可能な省エネルギー

無理なく持続可能な住まいとするために，建物の性能や設備を検討することが重要である．住まいで使用するエネルギーは増え続けているが，2011年3月11日の東日本大震災の経験から，再生可能エネルギーの利用や効率的な設備機器利用による環境共生の住まい方への転換の時期を迎えている．

建物の断熱性を高めて室内気候を安定させ，日照や通風の工夫で自然暖房・自然冷房を行うほか，屋上緑化・壁面緑化による室内外の暑さの緩和といった建物自体の工夫は，設計時に検討すべきであろう．また，太陽熱を利用した給湯・暖房設備，昼光を利用した照明，雨水による植栽の維持，生ごみの堆肥利用など，再生可能エネルギーを使用した設備の利用は，無理なく快適な室内環境を得るために重要である．さらに，設備の効率的な利用として，LED電球への変更，ヒートポンプ給湯器やコージェネレーションシステムの利用などがある．現在はイニシャルコストが大きいものも多いが，今後の開発によりさらに普及すると考えられる．

1.3 持続可能な住まい

1.3.1 建築材料の耐久性と建物の寿命

建物の構造を支える建築材料の耐久性は，吸水性能によるところが大きい．建築材料は，水分による腐朽，虫害のほか，吸水・吸湿と放湿によって膨張と収縮を繰り返すことで劣化が早まる．ただし，日常的なメンテナンスによって使用可能な年数は大きく変化する．例えば，京都や奈良に残っている町家は，吸水・吸湿性の大きい木材で造られているが，長い年数を経てもしっかり建っている．通風のよい造りであることに加え，囲炉裏からの煙で適度に燻された木材は，虫害を受けにくく，湿気に強い性能

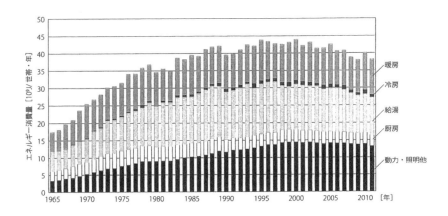

図1-5　日本の住まいにおけるエネルギー消費量の推移
（出典：資源エネルギー庁「エネルギー白書2010～2013」「総合エネルギー統計」／
日本エネルギー経済研究所「エネルギー・経済統計要覧」／総務省「住民基本台帳」）

を暮らしのなかで獲得したのである．

　現在の住まいの建て替えや大規模修繕は，建築材料の耐久性より，設備機器の更新の必要性によって判断されることが多い．主な建築材料である木材，コンクリート，鉄，ガラスなどは耐久性が比較的高いのに対し，設備機器に用いられるプラスチックの劣化が早いためである．つまり，非耐久部材である設備機器の更新を適切に行うことができるかどうかが建物の寿命を決定するといえる．

1.3.2　リノベーションとスケルトン・インフィル

　日本は，欧米に比べ，新築住宅を好む傾向が強いといわれる．戦後の工業の発展によって大量生産・大量消費された時代と，住宅政策から大量の住宅供給が必要であった時代が重なることも一因と考えられる．土地を所有し，戸建て住宅を建てることを人生の目標とした時代でもあった．こういった時代にはスクラップ＆ビルドが多く行われてきたが，今後は，本当にそれが必要か見極める目が居住者にも必要である．

　住まいの計画時に，家族のライフスタイルやライフステージを見越して設計することは重要である．家族構成の変化や成長というライフステージに合わせて他の住まいへ住み替えたり，高齢化にともなう身体機能の変化や介護のしやすさから，住まいを改修することも有効な選択肢である．手すりを支える強度を有する壁，車椅子で走行できる床材，トイレや浴室を広げることのできる壁の配置など，設計時の配慮は大切である．

　集合住宅における室内の改修・改装は，当初から構造をスケルトン・インフィルとしておくことが有効である．構造体であるスケルトンはそのままとし，居住空間であるインフィルを変えることで，各戸の居住者の好み，個性，ライフスタイル，ライフステージに応じた住まいとすることができ，環境への負荷も小さい．

リノベーション：リフォームという語は和製英語であり，英語ではrenovationという．

2. 住み方・ライフスタイル　　［牧野　唯］

2.1　住生活の豊かさ

　住生活の豊かさについて考えてみたい．衣食住の生活が満たされ，生活が豊かになったと実感する基準とは何か．住生活は住まいのなかにとどまらず，住宅を取り巻く住環境の中に広く展開されている．また，戦後の民主化によって，家族のライフスタイルは大きく変容した．「住居」には，心身を守るシェルターとしての役割，育児・団らん・もてなし・介護という家庭生活の場としての役割，さらに生活技術や文化を伝える場としての役割がある．

　住まいと住環境の質を高め維持することを主眼に，住宅と居住環境の水準が指針として掲げられている（図2-1）．住宅性能は，居住者ニーズや社会的要請に応えるための基本的機能として，「個人のプライバシー，家族の団らん，接客，余暇活動等に配慮した」居室構成と規模の適正な水準を確保すると記す．住生活は個人生活・家族生活・社会生活の各面に関わり，これからの社会に対応した住まいと住環境を創造する基盤となる．

> **住生活基本計画**：住生活基本法に基づき，住生活の安定確保への移行を反映して計画され，住生活基本計画（全国）には，住宅性能と居住環境の水準が指針として示された．2010年の見直しにおいて，①ハード面に加えてソフト面の充実による住生活の向上，②老朽マンション対策等，住宅ストックの管理・再生の推進，③新築住宅市場に加え，既存住宅流通・リフォーム市場の整備促進が設定されている．

◆住宅性能水準

1 基本的機能
(1) 居室の構成・規模
①個人のプライバシー，家族の団らん，接客，余暇活動等に配慮した適正な水準の確保，②台所その他家事スペース，便所，洗面所及び浴室の確保，③収納スペースの確保
(2) 共同住宅における共同施設
①中高層住宅に，エレベーター設置，②バルコニー，玄関まわり，共用廊下等に，適正な広さの確保，③集会所・子どもの遊び場等の設置，④駐車場・駐輪場の確保，⑤ゴミ収集スペースの確保

2 居住性能
(1) 耐震性等，(2) 防火性，(3) 防犯性，(4) 耐久性，(5) 維持管理等への配慮，(6) 断熱性等，(7) 室内空気環境，(8) 採光等，(9) 遮音性，(10) 高齢者等への配慮，(11) その他

3 外部性能
(1) 環境性能，(2) 外観等

→ 良好な住宅ストック形成の指針

◆居住環境水準

項目と指標
(1) 安全・安心
①地震・大規模な火災に対する安全性，②自然災害に対する安全性，③日常生活の安全性，④環境阻害の防止
地震時等に著しく危険な密集市街地の面積／ハザードマップの作成・公表等

(2) 美しさ・豊かさ
①緑，②市街地の空間のゆとり・景観
緑被率／狭小宅地率等

(3) 持続性
①良好なコミュニティ及び市街地の持続性，②環境負荷への配慮
空き家率／街なか居住比率等

(4) 日常生活支援サービスへのアクセス
①高齢者，子育て世帯等の各種生活サービスへのアクセスのしやすさ，②ユニバーサルデザイン
福祉サービスの実施体制の整備率等

→ 地域の実情に応じた良好な居住環境の確保のための指針

図2-1　住まい・居住環境の指針—機能・性能・指標—

私たちの生活時間を活動別にみると，睡眠や食事などの「1次活動時間」は10時間以上であり，自由時間などの「3次活動時間」は増加しているが，仕事や家事などの「2次活動時間」は減少している（図2-2）．2次活動と3次活動の時間は等しくなり，3次活動としての余暇の充実や，仕事と生活の調和が，健康で文化的な生活，さらには多様な働き方・生き方を選択できる社会の実現に近づく手がかりになる．

個人の生活だけではなく，家族との生活，そして仕事・生き甲斐の充実やコミュニティでの生活が住生活の質的な豊かさを左右する．住生活史をさかのぼると，生活と空間は，住まいに対する要求を反映しながら住空間を発展させてきた（図2-3）．食寝の分離，家事の効率，公私分離，プライバシーの確保という基本的な住要求が充足すると，自己実現や社会的地位，コミュニケーションを満たす高度な住要求に向かい，個人嗜好の強い住まいや格式をもつ住まいが造られてきた．現代において，インテリアの豪華さ，デザイン性の高さが良い住まいの条件とは限らず，居室構成と広さ，設備の充実，立地の良さ，安全性という基本的な条件も重要となる．さらに，住要求は社会の変化を受けて，住まいの機能に新たな変化をもたらし，家事，育児・介護，接客の機能を住まいのなかから外部化し，地域やサービスによって支えられる，社会性の強い住生活へ変容している．

平成23年度社会生活基本調査：①1次活動：睡眠など生理的に必要な活動．②2次活動：社会生活を営む上で義務的な性格の強い活動．③3次活動：1次活動，2次活動以外で各人が自由に使える時間における活動．

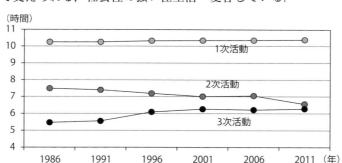

図2-2　生活時間の推移——行動の種類別，1986～2011年——
（出典：総務省「平成23年度社会生活基本調査 生活時間に関する結果」）
週全体，15歳以上．

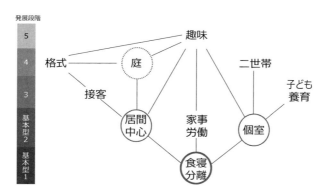

図2-3　住要求と住空間の発展
（出典：住環境の計画編集委員会編「住環境の計画2 住宅を計画する 第二版」彰国社, 1998）

【住生活基本法】

住生活基本法（2006年施行，2011年改正）は，住宅建設計画法（1966年施行，2006年廃止）を引き継ぎ制定された．住宅建設五箇年計画は8期にわたり，「一世帯一住宅」の実現を目指す住宅難の解消（1966～1975），量の確保から質の向上（1976～2000），市場・ストック重視（2001～2005）の目標を達成した．

2.2 ライフスタイルの多様化

住まいは，戦後の標準家族（夫婦と子からなる核家族）を想定して，都市部に大量供給されてきた（図2-4）．結婚・出産・子どもの成長といったライフステージの変化に応じて，家族人数や年齢に合った適正な住宅規模を確保するだけでなく（図2-5），家族やライフスタイルにあわせた住宅が提案された．

2.2.1 夫婦のための家―住まいの基本機能―

「夫婦」のための家として設計されたスカイハウスは，寝室と居間と食

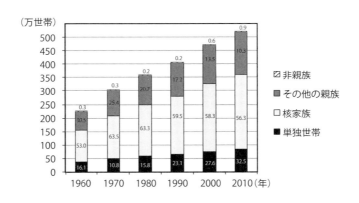

図2-4 世帯類型の推移

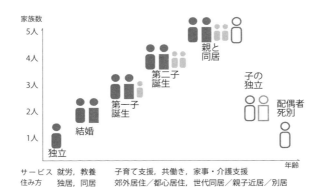

図2-5 ライフステージと家族構成―住み方の変化―

事室からなる（図2-6）．家族人数の増加に合わせて，居住階（2階）下のピロティに子ども部屋が増築され，子どもの成長後は図書を置く個室が設けられ，その隣に主寝室が移されて，ライフステージの変化に対応し増改築が行われた．

2.2.2　女性のワークライフバランス―住まい・住環境の機能―

また，女性の高学歴化にともない，生涯仕事を続けることや，結婚・育児を経た後にも社会復帰ができるような社会の変化もみられる．女性の労働力率を年齢別にみると（図2-7），30代前半が低く，20～24歳と45～49歳が高くなるM字型曲線を描き，結婚や出産の時に退職し，その後再就職するといったライフスタイルを選択する女性が多かった．性別にとらわれることなく社会と関わりを持ち続けるライフスタイルを実現するためには，在宅勤務やフレックスタイム制などの新しい働き方を取り入れ，女性の社会参加や子育てを支援する住環境が求められ，整備されている．

> **家族規模の拡大**：1960年代の「メタボリズム」という建築運動のなかで，建築は生命体と捉えられ，空間や機能が変化し，成長してゆく建築システムが考案された．

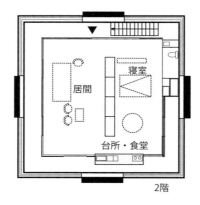

図2-6　スカイハウス（1958年竣工）―夫婦の家―

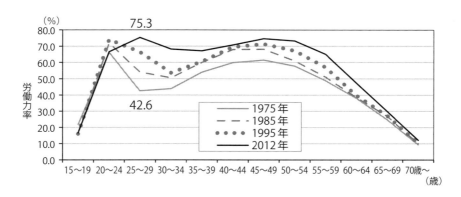

図2-7　女性の労働力率―年齢階級別―（出典：総務省「労働力調査」）
　　注1）労働力率：15歳以降人口に占める労働力人口（就業者＋完全失業者）の割合．
　　注2）2012年データは，岩手県，宮城県，福島県を除く全国の結果．

2.3 暮らしのかたち

2.3.1 親子同居は今―世代交流の機能―

　三世代や四世代からなる世代家族の住まいでは，食事・団らん・接客をともにする「完全同居」のほかに，上下分離同居，敷地内同居，隣居，近居という住み方の選択肢がある（図2-8）．現代の家族は同居していても，仕事や学校からの帰宅時間がまちまちで食事時間が異なり，夕食の孤食化のように家族間でも食事や団らんによるコミュニケーションが少ない状況もある．しかしながら，いざというときの不安を解消したり，孫の世話を期待したりと，親世代と子世代の双方にとってメリットも大きく，同居のあり方が見直されている．

2.3.2 多様な働き方・生き方の実現―住まい・住環境の機能・要求―

　現代では単身高齢化や若者の単身化が顕著になり（図2-4），これに対応した住まいが必要とされている．特に，1995年1月17日の阪神淡路大震災後に，独居老人の救出や仮設住宅での孤独死によって，高齢者の一人暮らしが社会的な問題となった．高齢期をどのように暮らすかという問いに，新しい解を与えるのがコレクティブハウジング（図6-4参照）である．高齢者だけではなく，シングルマザーや新社会人が，多世代型コレクティブハウスの暮らし方を選び，非血縁による同居も増えつつある．また，若者の間で人と暮らすことを積極的に選ぶシェアハウジングが住み方としての付加価値をもち，シェアハウスの住宅市場が拡大している．その背景には家族の個人化や生活の個別化があり，多様な働き方・生き方を実現するために，個別化した暮らしに新しい接点を与える住み方と住まいが求められ，住環境に対する価値は多様化している（図2-9）．

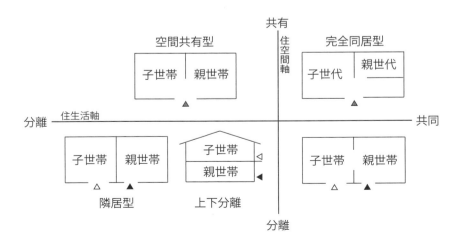

図2-8　親子の居住形態―同居の多様性―

京町家のスケールと
中庭を共有するつながり方

広々としたリビングルームを
共有するつながり方

世代間の交流を促すつながり方

シェアハウス―京だんらん・東福寺―

シェアハウス―名古屋市―

多世代居住
―ボチボチ長屋・愛知県長久手市―

図2-9 個と個をつなぐ新しい住生活―シェアハウス・多世代居住―

2.3.3 科学技術と住生活―社会の要請に応える住まいの機能―

現代社会では，科学技術の急速な発展と高度化によって，私たちの生活が飛躍的に向上した（図2-10）．高度経済成長による家電製品の普及は家事を軽減し，情報通信技術は住生活の利便性・快適性・安全性を変革した．しかし，2011年3月11日の東日本大震災は原発事故を引き起こし，エネルギー消費を前提とするライフスタイルの見直しを迫ることとなる．地球環境に配慮し持続可能な住生活を送るために，住宅の性能に指針が示され（図2-1），省エネ性能の向上といった住まいの品質を確保するとともに，低炭素社会の実現に向けた住み方やライフスタイルが求められている．一方，大震災や原発事故後の人々の価値観が変化したことをふまえて，住環境の性能確保とともに（図2-1），地震などの自然災害に備えた住み方，地域コミュニティの再評価，省エネルギーに配慮した地域の取り組みが求められている．

社会の成熟化とともに，少子高齢社会，女性の社会進出が加速し，社会生活を営む上で発生するさまざまな問題に対して，私たちは的確な対応を求められている．ライフスタイルの急激な変化は，生活を取り巻く環境に大きな影響を与え，住まいに関わる課題は多岐にわたる．したがって，住生活を見直すことによって，住宅・住環境の維持と再生に向けた取り組み

が進展し，制度や住宅政策によって，住まいに関わる問題の解決や多様な居住ニーズの適切な実現が重要となる（図2-11）．

昭和の茶の間

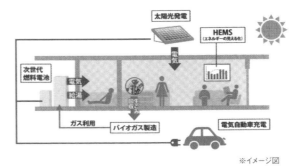
HEMSと住生活

図2-10　科学技術の普及と住生活の課題（右図出典：戸田建設グループ「UR都市機構によるルネッサンス計画1」）

被災地の住まい「コミュニティケア型仮設住宅地」
（岩手県遠野市）

仮設住宅地の「みんなの家」
（岩手県釜石市平田第六地区）

図2-11　社会とつながる装置

3. 地域生活と協働の住まいづくり　　　　［牧野　唯］

　利便性の高い都市と自然に恵まれた郊外では，生活と住まいが異なる．「街なかや都市の中心に住みたい」と思う都心志向は女性に多い一方，「郊外に住みたい」と思う郊外志向は男性に多い傾向があり，性別や年齢によって居住地選択や住み方の希望は異なっている．

　本章では，住生活の都市化と郊外化について，それぞれの歴史的・社会的背景と現状を理解し，住生活の課題について考える．

3.1　都市居住

　都市居住の歴史は長く，政治経済の中心としての都市が発展するとともに，町人の住まいとして町家や長屋が完成された（図3-1）．中庭や蔵を設けて採光通風を確保した快適性や，火災に備えた防災・安全性の工夫が

町家（奈良・奈良町）
（出典：奈良市教育委員会「奈良町（I）―昭和57年度伝統的建造物群保存対策調査報告書」，p.49，1983）

長屋（京都・あじき路地）

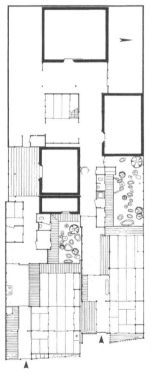

町家の平面図
（奈良・奈良町）

図3-1　日本の都市と住まい―奈良・京都―
都市居住は，都市の完成と生活の成熟による居住文化である．現在も，町家の暮らしから，都市居住の快適性や安全性の知恵を学ぶことができる．

みられるように，町家は都市の高密性と居住性を解決した住まいである．海外の都市にも中庭型集合住宅があり，これらは都市発展に共通する住宅計画技術である．

　明治以降，社会の工業化が進み，人口増加と都市環境の劣悪化による都市の住宅問題が深刻化した．とりわけ1923年の関東大震災により，木造から鉄筋コンクリート造への転換が起こり，高密度居住と災害に強い新しい住まいが供給されることになった（図3-2）．

　戦後，住宅産業の急成長によって，住宅生産の工業化が都市に住宅を大量供給し，都市化の進展と都市圏の人口増加に対応して，教育，医療，文化施設などの利便性の高い都市環境が形成された．地価の高騰や土地の高度利用が進み，高層マンションが建設される時期と並行して，コミュニティの崩壊が問題とされるようになった．

　日本は2005年に人口減少社会となり，少子高齢化は，過疎化の止まらない農山村のみならず都市でも問題になった．65歳以上高齢者の割合が50％を占める都会の限界集落が出現し，高齢者を支え居住を安定確保するための取り組みや，**子育て支援**が各地で試みられている（図3-3）．

【都市計画法】

　都市計画法（1919年施行，1968年改正）は，宅地の合理的利用と土地利用計画を確立するため改正され，新たに「無秩序な市街化を防止し計画的な市街化を図る」ため，市街化区域と市街化調整区域が区分された（都市計画法7条）．市街化区域とは「おおむね10年以内に優先的かつ計画的に市街化を図るべき」区域であり，宅地開発や都市の基盤整備が優先的，計画的に実施されることが予定される区域のこと．市街化調整区域とは

人口増加と都市環境：高度成長期における経済の高度成長と産業構造の変化に伴い，全国的に産業と人口の都市集中が激化した．これにともない既存大都市や地方の拠点都市周辺部では，工場，住宅などの用地に対する膨大な需要により，単発的開発や，道路，排水施設などの公共施設が十分整備されないまま無秩序な市街化が進むスプロール現象が生じるなどの弊害がもたらされた．これを解決するため，1969年に新しい都市計画法（1968年法律第100号）が施行された．

子育て支援：多様化する子育てニーズに応えるため，NPOせたがや子育てネットでは，子育ての視点からのまちづくりに取り組み，「世田谷で楽しく子育て！」と呼びかけ，「子育てのバリアフリー化」を目指す．

同潤会アパート（東京・上野下アパート）

タワー型超高層集合住宅
（埼玉・与野ハウス）

図3-2　都市住宅の不燃化・高層化

左図：同潤会（1924年設立）は，関東大震災からの復興計画の一環として，RC造集合住宅の供給や標準設計に取り組み，都市のサラリーマンの住まいと住生活を革新した．上野下アパート（1929年竣工）が2013年に解体され，最後の同潤会アパートも老朽化のため建て替えられることになった．
右図：タワー型超高層マンション第一号（1976年竣工）．民間マンションが高層化し大規模化して，郊外に広がっていった1970年代に，埼玉県内初の総合設計建築整備事業として開発された．高さ66m，21階建のタワー型マンションを含む4棟463戸からなる中高層住宅は，コミュニティプラザを囲んで配置される．

都会の限界集落
（東京都新宿区・戸山ハイツ）

高齢者のためのサロン
（多摩市永山・多摩ニュータウン福祉亭）

子育て支援としての子どもショートステイ

図3-3　都市の少子高齢化とその対策

「市街化を抑制すべき」区域であり，当面は宅地開発などを抑制する区域のことをいう．このように宅地開発を誘導する枠組みが定められ，都市の健全な発展と秩序ある整備のため，都市計画によって開発許可のもと進められることとなった．

【住宅地区改良法】

住宅地区改良法（1960年施行，2011年最終改正）は，不良住宅が密集し，保安衛生などに関して危険または有害な状況にある地区において，環境の整備改善を図り，健康で文化的な生活を営むに足りる住宅の集団的建設を促進するための法律であり，住宅地区改良事業によって実施される．

【総合設計制度】

総合設計制度（1970年創設，建築基準法第59条の2）は，500 m^2 以上の敷地で敷地内に一定割合以上の空地を有する建築物について，敷地内に歩行者が日常自由に通行または利用できる空地（公開空地）を設け，市街地の環境の整備改善に資すると認められる場合に，特定行政庁の許可により，容積率制限や斜線制限，絶対高さ制限を緩和するものである．

3.2 郊外居住

田園都市という都市と農村を融合させた海外の新しい都市計画の影響を受け，明治後期に郊外住宅地が発見された．その後，鉄道の開通事業による宅地化が進行し，大阪近郊に池田室町の分譲開発（箕面有馬電鉄，1910年），東京近郊に田園調布の住宅地開発（田園調布株式会社，1923年）が着手された（図3-4）．大正デモクラシーの影響によって，封建的な様式を改めて家庭生活の改善を促す運動とともに，住宅改良・住宅改善の住要求にともない，新しい生活様式の提案を基本とした洋風住宅が建設された．さらに，関東大震災（1923年）の後に，産業構造の変化にともなう職住分離が進み，過密化した市街地を離れ，安全で快適な住宅地が求められるようになった．

戦後の高度経済成長を経て，自家用車の普及によるモータリゼーション

田園都市論：産業革命の発祥地，英国のEbenezer Howardが『明日の田園都市』（1902）によって提唱し，近代都市計画に影響を与えた．過密するロンドン中心都市から人口と産業の計画的分散を実現するため，レッチワースに職住近接の田園都市第一号（1903年）を建設した．

田園都市分譲地（東京・多摩）（出典：山口 廣編「郊外住宅地の系譜 東京の田園ユートピア」鹿島出版会, p.193, 1987）
田園調布駅から放射線状に伸びる街路に沿って住宅地が区画された．電気・上下水道が完備され，生活利便施設の用地も確保されるなど，画期的なまちづくりが試みられた．

桜ヶ丘の洋風化住宅（大阪・箕面市）
桜ヶ丘住宅展示場には，住宅改良・住宅改善運動が高まるなかで，新しい生活様式の提案を基本として洋風住宅が25戸建設され，往時の建物が現存する．

図3-4 郊外住宅地の始まり

や住宅の工業化・商品化が加速すると，都市近郊には集合住宅団地やニュータウンが建設され（図3-5），住宅政策や一戸建て住宅志向によって郊外はいっそう拡大した．理想の住まいとはいえ，都心の職場まで1時間以上の長時間通勤を余儀なくされたり，最寄り駅までの送迎を必要としたりと，性別役割分業に基づくジェンダー化した郊外生活でもあった．

郊外居住の魅力は自然環境の豊かさであり，庭付き一戸建ての住まいによって，ガーデニング，家庭菜園，アウトドア，ペットライフを実現することができる．自然への親しみをコンセプトに，庭を介したコミュニティ形成がしかけられたテラスハウスや，気候・風土によって異なる地域固有性や地球環境に配慮した住宅地計画が試みられてきた（図3-6）．

郊外住宅地の完成によって家族と住まいのモデルが定まった一方で，家族機能の外部化，家庭の文化的継承や相互扶助ネットワークが縮退した．このような現状を受けて，空き家や空き地が増え人口が減少する郊外の再編が課題となっている．現在，世代交代の時期を迎え，子世代のみならず新しい若い世代の転入を促すことによって，住宅地としての持続性が期待されている．また，豊かな緑に囲まれた敷地を地域に開放するオープンガーデンの取り組みは，地域資源の保全・継承に貢献するとともに，都市と郊外の交流促進や郊外の新しいネットワーク再編として期待できる．

3.3 複数拠点居住

避暑をかねて別荘で長期滞在するように，都市居住者が週末を過ごす郊外のウィークエンドハウスや，日本と海外の両方に仕事や生活の拠点をも

郊外とニュータウン（愛知・高蔵寺）

郊外とニュータウン（東京・多摩丘陵）
（出典：住宅・都市整備公団（現UR都市機構）総務部広報課「URBAN LIFE 1994」住宅都市整備公団, p.21, 1994）

図3-5 郊外化によるニュータウン建設

テラスハウス（東京・阿佐ヶ谷住宅）

日本住宅公団が1958年に分譲した阿佐ヶ谷住宅（東京都）は，総戸数350戸のうち地上2階建てのテラスハウスが232戸あり，そのうち174戸が前川國男建築設計事務所の設計によるものである．切妻屋根型で，北側屋根の傾斜面が大きいため，北側からは平屋にみえる．

風土に調和させた低層集合住宅地
（茨城・県営水戸六番地団地）

南島型集合住宅
（沖縄・宮古島市県営平良団地）

中庭を共有する集合住宅
（熊本・保田窪第一団地）

恵み野地区オープンガーデニング
（北海道・恵庭市）

低炭素型都市の住まい
（東京・ソーラータウン府中）

高い耐久性や省エネルギー性をもち，設備更新や維持管理が容易であるなど長く住み続けられる住宅性能と，街区全体として景観や生態系への配慮，エネルギーの有効利用など住環境への総合的な取り組みがなされている住宅．東京都では，低炭素型都市に向けた先導的な環境配慮住宅の普及を目的として，長寿命環境配慮住宅モデル事業が実施されている．

地域共生のいえ
（東京・世田谷区）

世田谷トラストまちづくりは，美しく潤いのある街並みとみどりなどの資産を次世代に継承するため，自宅の庭や緑・樹木を開放して，地域とつながる地域共生や環境共生の新しい取り組みを進めている．

図3-6　郊外住宅地の現在

つデュアルライフによるマルチハビテーションといった，多様なライフスタイルには多様な住まいと居住スタイルの可能性がある．例えば，都市と郊外の交流を促進する**二地域居住**の支援や地方への移住を促す移住支援プログラムが実施されている．豊かな住生活のために，居住地の選択はライフステージやライフスタイルに応じて可能であることが望ましく，住宅の一次取得や住み替えによる二次取得，リフォーム技術向上など，流通促進による住宅市場の環境整備が重要となる．

人口の地域間移動は，国際化，情報化などの社会・経済情勢の変化を受け，都市への一極集中から分散と多極化の傾向にある．産業構造のサービス業比率が上昇し，就業機会は大都市圏に収束してきたが，山里の**サテラ**

二地域居住：農山漁村における過疎対策の一環として，冬期の集住や地域の再生を促す取り組みに始まり，団塊世代の一斉退職，田舎暮らしのニーズの高まり，過疎化の深刻化，中心市街地の衰退などを背景として，移住・住み替えの支援を行っている先進的な自治体・NPO・民間企業などにおいて活発化しつつある．

イトオフィスや，グローバル社会を背景とした地場産業の再興など，新しい雇用の創出や就業機会を確保しようとする地方の取り組みによって，場所を選ばない働き方の可能性が開拓されている．働き方の変化はライフスタイルの変化をもたらし，当然住まいと生活のあり方を転化する．都市で生まれ育った都市居住二世や三世が増加し，これら都市居住者の流動化により，利便性，快適性を追求した都市的生活様式が全国に普遍化するとともに，都市と地方を融合する住生活の広域的な展開が期待される．

サテライトオフィス：NPO法人グリーンバレー「イン神山」では，「日本の田舎をステキに変える！」をミッションとして，「創造的過疎」による持続可能な地域づくりを行う．
（http://www.in-kamiyama.jp）

3.4 協働による居住の新しいしくみ—都市の再生と郊外再編—

都市と郊外住宅地は家族単位による消費社会のもとで拡大したため，晩婚化・非婚化によるファミリータイプの住宅やマンションの余剰が増加し，空き家・空き地対策が求められている．これは，社会的単位としての家族に対応する住宅というシステムの脆弱性であり，血縁に依拠しない新しいネットワークと住まいとして，コレクティブハウスやコーポラティブハウス，さらにシェアハウスが都市の新しい地域再生モデルとして注目される（第2章参照）．

人口減少社会の低成長時代では，これら選択縁による居住単位が，住まいのスタンダードを構想する可能性をもち，居住地再生には「食」「育児」「学」「職」「医」などの協働による課題解決が鍵となる．現代の居住スタイルは，新たな住宅パッケージとして個人の集合体による住み方を導き出し，個人は主体的であり協働の担い手であることが求められる（図3-7）．既存建築の用途変更や個人住宅の賃貸流通を促進する制度的検討が進められるとともに，私達の社会は「協働」を鍵として，豊かな住生活の実現に迫ろうとしている．

大森ロッヂ（東京）
約300坪の敷地に建つ築40年前後，8棟の木造住宅を，大家である二代目地主がリノベーションによって街角再生した．

森山邸（東京）
森山邸（2006年）は，オーナーの専用住宅，友人宅，ワンルーム規模の賃貸住宅を同一敷地内に含めるという要求条件と，下町の雰囲気を残す周辺環境の都市構造パターンから導かれている．

やぼろじ（東京・国立市）
江戸時代から続く旧家を拠点に「谷保の家再生プロジェクト」が発足し，地主・職人・学生・子どもが協働して大規模改修が行われた．カフェ，工房，ギャラリーなどが入居し，地域活性の場となっている．

図3-7　協働による住まいと居住地の再生

4. 自然災害に備え，生きる　　　　　　［梶木典子］

4.1　自然災害の多い国

　住まいは，家族と暮らし，人を育て，憩い，安らぐことのできるかけがえのない空間であり，人々の生活にとって不可欠な基盤である．

　日本は，「災害大国」といわれる．国連大学の「世界リスク報告」（WRR 2013）によると，世界173カ国中，日本が自然災害に遭遇する度合いは4位であり，先進国のなかでもリスクが非常に高いといえる（表4-1）．世界で発生するマグニチュード6以上の規模の大きな地震のうち，2割が日本で起こっている．地震，津波だけではなく，暴風，豪雨，豪雪，洪水，高潮，噴火などの自然災害は，いつ，どのように自分の身に降りかかるかわからないのが現状である．したがって，日本で暮らす人々は「（自然）災害は必ず起こる」という前提にたち，「減災」の視点から，災害に備えることが求められる．

表4-1　世界各国の自然災害への遭遇度合い（出典：国連大学「世界リスク報告2013（World Risk Report 2013）」）

順位	国名	自然災害への遭遇度合い	順位	国名	自然災害への遭遇度合い
1.	バヌアツ Vanuatu	63.66	9.	エルサルバドル El Salvador	32.60
2.	トンガ Tonga	55.27	10.	バングラデシュ Bangladesh	31.70
3.	フィリピン Philippines	52.46	11.	チリ Chile	30.95
4.	日本 Japan	45.91	12.	オランダ Netherlands	30.57
5.	コスタリカ Costa Rica	42.61	13.	ソロモン諸島 Solomon Islands	29.98
6.	ブルネイ Brunei Darussalam	41.10	14.	フィジー Fiji	27.71
7.	モーリシャス Mauritius	37.35	15.	カンボジア Cambodia	27.65
8.	グアテマラ Guatemala	36.30			

自然災害への遭遇度合い：地震，台風，洪水，干ばつ，海面上昇などの自然災害への遭遇度合い．「被災可能性」は，1970～2005年の被災データから推定した，1年間に地震，嵐，洪水，干ばつに見舞われる可能性のある人数と，今後2100年にかけての温暖化による1mの海面上昇の影響をこうむると想定される毎年の人数を足したものである（総人口比）．

4.2 地震・津波のメカニズム

自然災害に備えるためには，まずはその発生のメカニズムについて正しい知識をもつことが大切である．

4.2.1 地震の発生

地震は地下で起きる岩盤の「ずれ」により発生する現象である．地球の表面は，硬い板状の岩盤である十数枚のプレートに覆われている．このプレートは常に少しずつ動き，プレートどうしがぶつかったり，すれ違ったり，片方のプレートがもう一方のプレートの下に沈み込んだりしている．プレートどうしがぶつかる付近では強い力が働き，これにより地震が発生する．

日本周辺は，「ユーラシアプレート」「北米プレート」「太平洋プレート」「フィリピン海プレート」という，4枚のプレートにより複雑な力がかかり，世界でも有数の地震多発地帯である（図4-1）．海のプレート（太平洋プレート，フィリピン海プレート）が沈み込むときに陸のプレート（北米プレートやユーラシアプレート）を地下へ引きずり込む（図4-2）．海のプレートが陸のプレートの下に沈み込む理由は，海のプレートが陸のプレートよりも重いためである．

プレート境界の地震は，陸のプレートが引きずりに耐えられなくなり，跳ね上げられるようにして発生する．この地震は巨大になることがあり，津波を伴う．プレート境界の地震の例としては，2011（平成23）年3月11日に発生したマグニチュード9.0の東日本大震災があり，大規模な津波の発生により死者18,958人，行方不明者2,655人という甚大な被害がもたらされた（平成26年3月1日現在，総務省消防庁発表）．近い将来に発生が予測されている「南海・東南海地震」もこれに該当する．

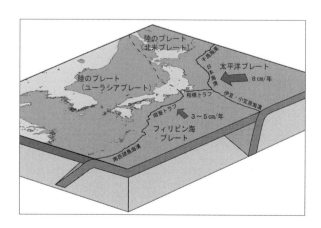

図4-1　日本付近のプレートの模式図
（出典：気象庁ホームページ　http://www.data.jma.go.jp/svd/eqev/data/jishin/img/c_plate_jp.png）

陸域の浅い地震の例としては，1995（平成7）年の阪神・淡路大震災がある．これは，前述のプレート境界で発生する地震に比べると規模が小さいことが多いが，人間の居住地域に近いところで発生するため，大きな被害を伴うことがある．阪神・淡路大震災は，日本では戦後はじめての都市直下型地震であり，神戸市を中心とした阪神地域および淡路島北部では最大震度7を記録し，死者6,434名という甚大な被害をもたらした．この地震による死者の3/4は家屋倒壊が原因の「圧死」であった．

4.2.2 津波の発生

津波は，海底下における大地震の発生により，断層運動が起こり海底が隆起あるいは沈降し，これにより海面が変動し，大きな波となって四方八方に伝播するものをいう．津波は，海が深いほど速く伝わる性質があり，沖合いではジェット機に匹敵するほどの猛スピードで伝わる．逆に，水深が浅くなるほど速度が遅くなるため，陸地に近づくにつれ後から来る津波が前の津波に追いつき，波高が高くなる．津波の波長は数kmから数百

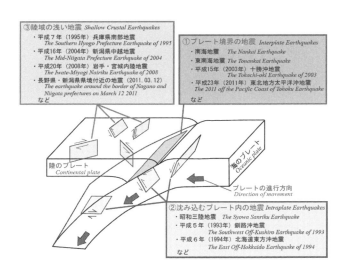

図4-2　日本付近で発生する地震の仕組み
（出典：気象庁ホームページ　http://www.data.jma.go.jp/svd/eqev/data/jishin/img/c_earthquake_jp.png）

図4-3　津波と波浪の違い
（出典：気象庁ホームページ　http://www.jma.go.jp/jma/kishou/know/faq/faq26.html#tsunami_4）

kmと非常に長いため，海底から海面までのすべての海水が巨大な水の塊となって沿岸に押し寄せてくる．このため津波は通常の波浪とは異なり，勢いが衰えずに連続して押し寄せ，先に沿岸に到達した波の高さ以上の標高まで駆け上がることがある（図4-3）．しかも，浅い海岸付近に来ると波の高さが急激に高くなる特徴がある．さらに，津波が引いていく場合も強い力で長時間にわたり引き続けるため，破壊した家屋などの漂流物を一気に海中に引き込んでいく．津波による家屋被害は，建築方法などによって異なるが，木造家屋では浸水1m程度から部分破壊を起こし始め，2mで全面破壊に至る．また，たとえ浸水が50cm程度であっても，船舶や木材などの漂流物の直撃により被害が出る場合がある．

このように津波は甚大な被害をもたらすため，津波から命を守るためには，地震の揺れを感じたら，たとえ津波高が30cmと予測されても速やかに高台に避難することが最も重要である．決して，海の様子を見に海岸沿いに行ってはいけない．

4.3 災害に備える住まい・暮らし

4.3.1 住まいでできること

「自らの安全は，自らが守る．」これが，防災の基本である．大地震が発生したときに，住宅そのものに被害が少なかったとしても，家具や家電製品が転倒・散乱してケガをしたり，出口や逃げ道がふさがれたために避難や救助が遅れることも想定される（図4-4，4-5）．住宅内で命を守るために家庭でできる最低限のこととしては，家具や家電製品を固定すること，引き出し・開き戸にストッパーを設置すること，ガラスの飛散防止の対策をすること，家具などの置き方を工夫すること，家のなかの物を整理し家具の数を減らすこと，重い物や危険な物を家具の上に置かないことなどがある（図4-6）．

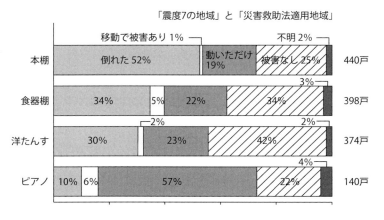

図4-4 阪神・淡路大震災時の主な家具の被害状況（出典：日本建築学会「阪神淡路大震災 住宅内部被害調査報告書」，1996）

また，昭和56年5月31日以前に工事着工された，建築基準法改正前の旧基準で建てられた住宅は地震に対する強度が不足している可能性があるため，耐震診断を受け，耐震改修が必要と診断された場合，耐震改修工事をすることが重要である．多くの自治体が耐震診断や耐震設計，耐震改修工事に対して一定額の補助を行っているので，地元自治体に問い合わせてみるとよい．そして，地盤が強いところに住むということが大切である．

4.3.2　家族でできること

　地震はいつ発生するかわからないため，地震に備えるためにふだんから家族で話し合って，緊急時の行動を決めておくことが重要である（家族で防災会議）．

　家族で決めておきたいことは「連絡方法」「合流場所（避難場所）」「合流方法」「避難経路」であり，想定されるケースを家族で話し合っておくことが大切である．災害時の家族や知人との確実な安否確認方法として，固定電話・携帯電話・インターネットから提供されている「災害用伝言

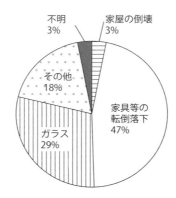

図4-5　阪神・淡路大震災時の内部被害によるケガの原因（出典：日本建築学会「阪神淡路大震災 住宅内部被害調査報告書」，1996）

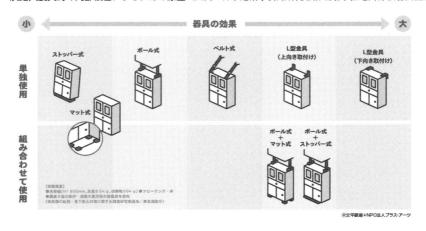

図4-6　家具転倒防止グッズによる家具等の固定（出典：渥美公秀監修「地震イツモノート 阪神・淡路大震災の被災者167人にきいたキモチの防災マニュアル」木楽舎，2007）

サービス（171）」がある．このサービスでは，30秒以内の伝言を1番号あたり最大10件蓄積することができる．各通信会社では体験利用日を設けているので，これを利用して家族で安否確認方法を体験するとよい．また，市町村で定められた「地域の避難場所（学校，公民館など）」を確認しておけば，万一家族どうしで連絡がとれない場合も，そこで落ち合うことができる．家族で避難場所まで歩いてみて，倒壊しやすいブロック塀などがある狭い路地を避け，安全に避難できるルートを決めておく．さらに，自分の住んでいる地域のハザードマップを入手して，自宅や勤務先，学校のあるエリアが被害を受ける可能性をチェックしておくとよい．

　地震の被害によっては避難を余儀なくされることもあるため，「非常持ち出し袋」を準備しておくことも重要である．この袋の中身には，水や食料（最低3日分），生活用品，現金などの貴重品，ラジオや携帯電話の充電器などの情報収集用品，マスク，常備薬，家族の写真など必要最低限のものを用意し，両手が自由になるリュックサックなどに入れておく．この非常持ち出し袋は家族全員がわかる場所に保管し，中身の消費期限などを定期的に確認する．また，避難所に行かなくても，地震が発生するとふだんどおりの生活ができなくなることも考えられるため，数日間生活できるだけの備蓄品（水・食料）を用意しておくことも重要である．住宅内部に，非常持ち出し袋の保管場所や備蓄品の収納場所を確保できるように計画することは，防災面からも非常に重要である．

4.3.3　地域でできること

【共助】

　自分の家を守るだけではなく，自分の住む地域も守らなければ，自分の命を守ることはできない．表4-2は，阪神・淡路大震災時に生き埋めや閉じ込められた人の救助を誰が行ったかを表したものである．「自力で」「家族に」などの自助による救助は約67％，「友人・隣人に」などの共助が約31％，救急や自衛隊などによる公助は2％にも満たない．阪神・淡路大震災では，被害が大きすぎて救急などが対応しきれないばかりか，道路の寸断などにより現場にたどり着けないという状態であった．いかに自助が重

表4-2　生き埋めや閉じ込められた際の救助
（出典：日本火災学会「1995年兵庫県南部地震における火災に関する調査報告書」，1996）

誰が	％	自助・公助・共助の別
自力で	34.9	自助 66.8％
家族に	31.9	
友人・隣人に	28.1	共助 30.7％
通行人に	2.6	
救助隊に	1.7	公助 1.7％
その他	0.9	

要で，隣近所の共助が頼りになるかがわかる．

　災害時には，一般的に自助：共助：公助＝7：2：1の割合の力が必要であるといわれている．震災の被害を最小限に抑えるためには，自助・共助・公助（防災の三助）それぞれが災害対応力を高め，連携することが大切である．地震災害のような広域災害では，地域の防災機関（警察や消防など）は同時にすべての現場に向かうことはできない．また，自衛隊など被災地の外からの応援の到着には時間がかかるため，救出活動や消火活動は，近隣の住民が協力し多くの人が参加して早く始めるほど，被害を最小限に抑えることができる．災害時に円滑に協力するためには，ふだんからの人々の交流が大きな力となる．

　いざというときのために，自治会や地域の集まりや行事，防災訓練に参加し，地域内の防災備蓄倉庫を確認し，近所の災害弱者といわれる人たち（高齢の一人暮らしの人，身体の不自由な人，寝たきりの人，病人など）を把握するなど，地域の特性を理解した上で連携を深めておくことが重要である．そのためには，日頃からお互いにあいさつをしたり，近所づきあいをしておくことが大切である．

【地域防災マップ活動】

　日頃から地域を点検し，よく知っておくことも重要である．そのための1つの方法として，「地域防災マップ活動」がある．この活動は，子どもから高齢者まで誰でも参加できる．地域防災マップ活動の良いところは，地域に住む人々自身が地域の防災情報を共有して，災害時にはあわてず冷静にすばやく適切な対応ができるように備えることができる点である．地域住民が一緒になってまちを歩いて点検し，一人ひとりが知っている情報を出し合い，地域の実状を確認しあう．その地域に合ったオリジナルの「地域防災マップ」を作ることにより，自分たちのまちの再発見，防災に関する地域の課題を抽出することができる．このような多くの住民が参画してマップづくりをするプロセスにより，地域コミュニティの活性化が促され，災害に強い地域防災力が生まれることにつながる（図4-7）．

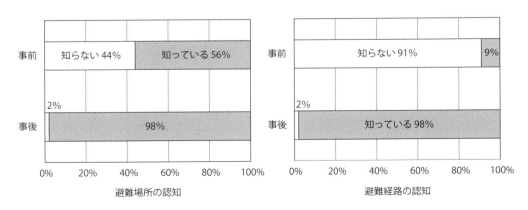

図4-7　神戸市立W小学校における地域防災マップ活動実施による学習効果
（出典：神戸女子大学家政学科梶木研究室「神戸市立W小学校における地域安全マップ活動」）

さらに，子ども向けの防災マップ活動は，子どもたちの防災学習の体験教材としても非常に有効である．子どもたちの防災意識を高めるだけではなく，子どもを通してその保護者や地域の人たちへと防災意識を伝搬することが可能となる．また，子どもたちのまちに対する率直な意見が抽出できるとともに，まちへの愛着を醸成し，まちづくりに参画することの楽しさを伝える好機会となるため，子どもたちが楽しみながら学べるようプログラムを工夫することが重要である（図4-8）.

まち探検　　　　　　　　　　マップづくり　　　　　　　　　　発表会

図4-8　小学校における地域防災マップ活動：神戸市立W小学校における実践
（撮影：神戸女子大学梶木研究室，出典：神戸女子大学家政学科梶木研究室「神戸市立W小学校における地域安全マップ活動」）

5. 住まいのかたち

5.1　日本の住まいの変遷　　　　　　　　　　［北村薫子］

5.1.1　原始の住まい

　縄文時代から弥生時代にかけて，人類は集まって暮らすことで生活の安全と安定を確保しようとしてきた．シェルターとなる住まいは，地面を掘り下げて床面とし，そこに柱を立てて屋根を架けたものであった．これは竪穴式住居といわれる．縄文時代は円形の床が多く，弥生時代になると柱を四隅に立てた方形の床がみられるようになった．炉は中心付近にあり，炉を囲んで暮らしていたことが推測される．

　水稲耕作を始めるようになると，穀物の保存のための高床式の倉庫や住居が現れた．佐賀県の吉野ヶ里遺跡が代表的である．切妻，寄棟，入母屋など種々のかたちの屋根がみられることから，建築技術が高度になったことがわかる．

5.1.2　古代の住まい

　奈良時代から平安時代には貴族階級が権力をもち，中庭を囲んだ寝殿造といわれる住まいで暮らすようになった．中央に主人夫婦が寝る場所である寝殿を設け，左右に渡殿を経て対屋を置く．対屋は子の住まいであるが，この時代は男が女のもとに嫁ぐ婿取婚であり，娘夫婦の住まいとなった．寝殿は板敷で，座るときだけ置き畳や円座を置いていた．寝殿の中央付近に母屋があり，丸柱の外側に庇があった．母屋と庇の間は間仕切りのない開放的な空間であり，状況に応じて屏風や簾を移動させて空間を仕切って生活していた．これを室礼（しつらい）という．母屋の一部分に三方を壁で囲ん

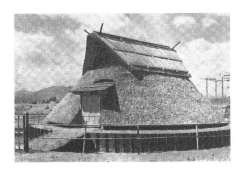

図5-1　竪穴式住居の例—登呂遺跡（静岡県）—
（出典：日本建築学会編「日本建築史図集」彰国社，1949）

図5-2　高床式の建物の例—「家屋文鏡」背面—
（出典：湯川聰子・井上洋子「住居学入門」学芸出版社，1988／宮内庁）

だ塗籠があり，ここで就寝したとされる．庇の外側は角柱で，夜間のみ蔀戸を入れた．この時代には，自分より身分の高い者を家に招くことがなく，接客のための空間はみられない．

庶民は，東西南北の道路に沿った町割りに従い，官位に応じた広さの住まいで暮らした．位のない庶民は，間口5丈，奥行き10丈（1丈は約3m）の1戸主の区画に暮らした．

5.1.3 中世の住まい

武家が台頭した中世には，寝殿造が変化し，武家の住まいである書院造が現れた．寝殿は主殿と呼ばれ，間仕切りを設けて北半分を居住部分，南半分を接客部分とした．空間を襖障子で仕切って小さくし，畳を敷き詰める座敷となり，襖障子を開閉するための鴨居と敷居が設けられ，柱は角柱となった．座敷の上段には，正面に床と違い棚，左右に付書院と帳台構を配置するものが基本であった．これを書院造という．床には書画などを飾り，ここを背にした位置が上座となった．付書院は，出窓の手前に机を置く出文机が建物に固定されたもので，あかり取りの障子が入れられた．帳台構は，鴨居を少し下げ，敷居を少し上げて，間に4枚の襖障子を入れた

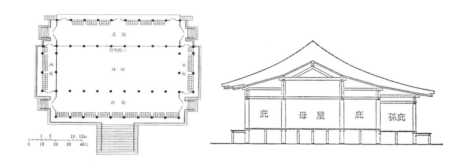

図5-3 寝殿造の寝殿—平面・断面の模式図—
（出典：平面図：日本建築学会編「日本建築史図集」彰国社，1949／
断面図：日本家政学会編「住まいと住み方」朝倉書店，1990）

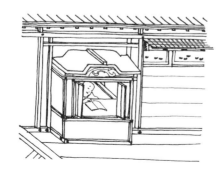

図5-4 出文机
（出典：湯川聰子・井上洋子「住居学入門」学芸出版社，1988）

図5-5 床・書院・違い棚—本願寺黒書院・一の間—
（出典：日本建築学会編「日本建築史図集」彰国社，1949／
写真撮影：吉田 靖）

もので，絵や装飾を施し，身分に応じた格式を示すことが必要であった．外部に面する蔀戸は，雨戸と明障子（あかりしょうじ）になった．

この時代の婚姻は嫁入婚に変化し，寝殿造の対屋であった部分を小さくして息子夫婦の住まいとした．

5.2　日本の伝統的住まい　　　　　　　　　　　　　　　　［牧野　唯］

農家や町家（町屋）は日本の伝統的住まいであり，これらは明治以前の階級社会における農民と町民の住まいとして完成された．日本には生業に適した住まいがあって，農作業に適した農家には「土間」があり，屋内で農作業をしたり家畜を飼ったりできる一方，商いに適した町家には「店の間」があり，通りに面して店（見世（みせ））を構えるといったように，それぞれの住居が発展した．

5.2.1　近世・農家

農家は作業空間である土間と居住空間である床上からなる二室住居として発展し，気候・風土と営農や伝統的な住様式を反映した地方独自の平面型をもつ．土間は，農作業だけではなく家畜の飼育空間にもなり，例えば東北地方の曲がり屋は，馬屋を屋内に設けるためL字型の間取りに特徴がある．

農家には2系統があり（図5-6），土間を広く設け，大きな「広間」と「ザシキ」「ナンド」からなる「広間型」は東北や北陸に多く分布する．広間はムラの行事を行う接客空間であり，近世の社会統治のための行事空間という役割をもつ．一方，床上を田の字型に仕切り，「ザシキ」「ナンド」に加え「ナカノマ」「ダイドコロ」からなる「四つ間型」は，明治期から関東以西に分布し，大正期から昭和初期に農家の一般的間取りになった．「ナカノマ」は行事・接客などの非日常空間として使われ，「ダイドコロ」は食事・団らんなどの日常空間として使い分けられる．

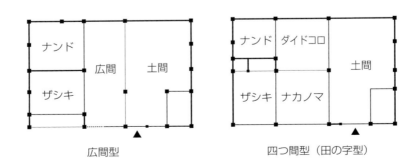

図5-6　農家の間取り—広間型と四つ間型—

図5-7 今西家―奈良県橿原市今井町，1650年建築―
（出典：今西家保存会ホームページ　http://www.imanishike.or.jp/imanishike.html）

今井町は寺内町として発展し，現在は重要伝統的建造物群保存地区に選定されている．今西家は，代々今井の惣年寄筆頭をつとめ，司法権，行政権を委ねられていたことから，広い土間は裁きの場としても使われた．居室は6間取り，土間に添ってミセノマ，ナカノマ，ダイドコロがあり，上手は柱を立てず広い空間として，大梁3本による豪壮な小屋組によっている．

5.2.2　近世・町屋

　近世の都市には，城下町，宿場町，門前町，寺内町があり，町で商売をする町民は町屋を住まいとした（図3-1参照）．町屋は道に面して入口を設け，通りに接する間口が広いほど店構えが大きくなり，豪商の町屋は格式を高めていった．屋内は，商いの場と住まいの場に分けられ，通りに面して「店の間」があり，奥に向かって「中の間」「奥の間（座敷）」が続き，通路や台所となる土間の「通り庭」と，採光・通風を確保する「坪庭」が設けられている．

　京都の町屋には間口税が課されたことから，通りに面して間口を狭くし，敷地の奥行を長くしたので「鰻の寝床」ともいわれる．

　規模の大きな町屋では，床上を2列にした2列6室型のほか，離れや土蔵が設けられていった．町屋の形式には，屋根の向きによる平入りと妻入りがあり，防火のために漆喰を塗った土蔵造など，地域の特色をもって発展した．

　町人の住まいが町屋であるのに対し，使用人は「長屋」に住んだ．3坪程度の小規模長屋や路地奥の裏長屋が，町で働く人々の住まいであった．間口は9尺2間，奥行が3間半の小規模長屋，奥行5間の中規模長屋があり，内部は土間と畳敷の床上からなる．風呂や便所はなく，共同の井戸があり，そこで炊事・洗濯などをする．長屋は棟を1つにして，大規模な長屋では10戸ほどが連なる．

5.3　間取りの近代化　　　　　　　　　　　　　[齋藤功子]

　明治以降，武士階級は消滅したが，住宅においては「おもて」の接客が優先される武家住宅の名残があった（接客本位型）．これは，江戸期までは武家住宅の特権であった門，玄関，座敷などが庶民住宅にも取り入れられたからである．

5.3.1 中廊下型,居間中心型

大正期に入り,南側の居室と北側の台所,浴室,女中室との間に廊下を設ける「中廊下型住宅」が普及していった.中廊下を設けることで,他の居室を通り抜けなくとも移動することができ,居室の独立性が高められることとなった.さらに,現代住宅では接客空間を特に設けず,家族がくつろぐリビングを重視するプラン(居間中心型)がよくみられるようになっている.

5.3.2 住み方調査,食寝分離

戦前,庶民住宅に関心を寄せる研究者がほとんど皆無だったなかで,当時の住宅営団技師・西山夘三は,膨大な量の庶民住宅の住み方調査を実施した(1940年ごろ).そして調査を通じ,住宅の最低限の質を守る科学的根拠として「食寝分離論」を提唱するに至った.すなわち,食べる部屋では寝ない,寝る部屋では食事をしないということであり,畳の部屋の利点を主張する「転用性理論」に対抗し,国民住宅の基本的考え方となった.しかし,実際に「食寝分離論」が実現するには,戦後を待つ必要があった.

5.3.3 日本住宅公団,51C型

1945年8月,終戦を迎えたわが国は,420万戸におよぶ絶対的な住宅不足にあった.量的整備が急がれるなか,1951年には公営住宅が,1955年には日本住宅公団が発足した.庶民を対象としたこれら公共住宅は,住宅面積の実質は38m²ほどで,十分とはいえなかったが,絶対的な住宅難のなかで庶民には羨望の的であった.ここで食寝分離論が具現化されることとなる.すなわち,板敷のDKが採用され,畳室2室をもつ2DKの住宅が確立したのである.特に,ステンレスの流し台を採用した公団住宅は,他にもシーリング錠,水洗便所の設置など先進的な設備を導入し,先駆的な役割を果たした.

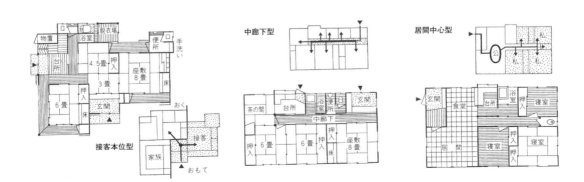

図5-8 住生活型とプラン
(出典:住環境の計画編集委員会編「住環境の計画1 住まいを考える」彰国社,1992)

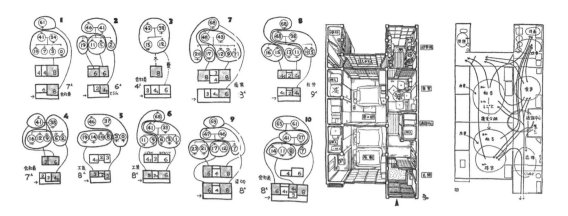

図5-9　住み方調査（出典：西山夘三「日本のすまい（弐）」勁草書房，1976）

図5-10　ステンレス流し台のある台所
（出典：住宅年鑑編集委員会編「住宅年鑑'64」日本住宅協会，1964）

5.4　現代の住まい（リビング，寝室，子ども部屋）　　　［宮川博恵］

5.4.1　公私室分離

　戦前の住宅は，接客空間を重視する住まいのつくりが一般的で，家族の生活は軽視されていた．家父長的な家庭観が間取りを支配し，座敷や玄関などの接客空間や家長のための空間が優遇され，個人のプライバシーを守るための個室や，家族が交流するための居間も確保されていなかった．廊下がなく，室と室の仕切りは壁ではなくふすまなどであったため，部屋の独立性を保つことができず，室間のプライバシーも守られていなかった．

　戦後，民主化が推し進められ，住空間も家族の生活の快適性を重視するようになる．特に，プライバシーを尊重するために個人の私室（子ども部屋，寝室など）を設ける考え方が広がり，新しい住まいのあり方として浸透していくことになった．各自の私室をもつ一方で，家族の共用活動を行う室（リビング，ダイニングなど）も設け，通路部分や，生活作業，衛生空間などをバランスよく配置する．これを公私室分離型住宅という．

5.4.2 プライバシーの捉え方

私たちは家族とともに団らんすることなどを通して，精神的な安定などを得る一方，1人になってくつろいだり，活動したりする空間が必要である．特に夫婦の部屋，子どもの部屋，高齢者の部屋は，個人生活の充実のための空間としたい．

日本人の家庭観は欧米人のような夫婦中心の考え方ではなく，親子中心の考え方が支配的で，夫婦寝室の設置は遅れていた．近年では書斎を併設させたり，夫婦がコミュニケーションを深める部屋としてのセカンドリビング的な夫婦寝室や，夫，妻それぞれの個室が設けられるようになってきている．

子ども部屋を与える時期や与え方は，子どもの自立に関係して，その家の家庭教育が反映される．子どもの年齢，人数，性別などにより共用の部屋としたり，独立させたり，子どもの成長に応じた柔軟な配慮が必要である．子ども部屋が必要となる期間は10数年程度で，さらにその間，家族と密着する時期や離れる時期がある．子どもの成長段階や，子どもが独立した後の家族構成に柔軟に対応できる間取りが求められる．

5.4.3 集まる，くつろぐ空間

リビング（L），ダイニング（D），台所（K）の改善により，L・D・Kの3つを組み合わせた間取りが計画されるようになった結果，住宅の間取りと規模を表す手段として *n*LDK という表現方法が使われだした．

n：個室の数を指す．

LDKは，団らん，くつろぎ，食事，調理，家事など，家族が集まり利用する空間であり，家族の嗜好するライフスタイルが現れやすい場所である．特にLDは団らんの主たる場所となるため，南面に配置し，十分な日差しを確保することが一般的である．

敷地の条件，住宅の規模，家族構成，子どもの発達段階などを考慮し，家族の団らんを積極的に作り出していくことのできる空間にすることが求められる．

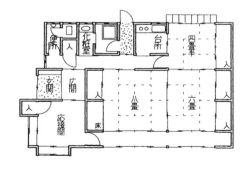

図5-11　家父長的家庭観の家
（出典：牧野　唯ほか「住まいのインテリアデザイン」朝倉書店，2002）

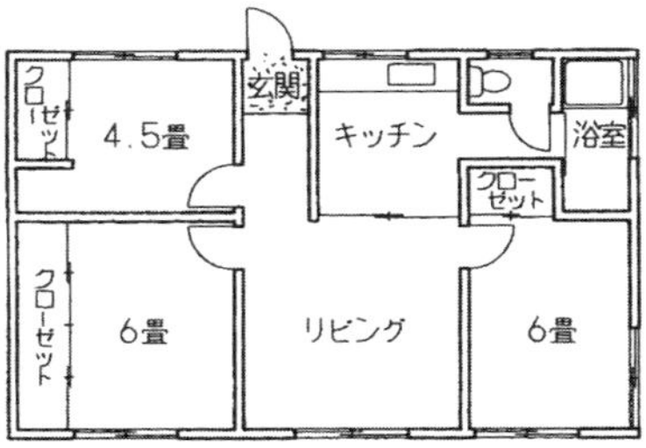

図5-12　民主的家庭観の家
（出典：牧野　唯ほか「住まいのインテリアデザイン」朝倉書店，2002）

6. 集合住宅の住まい方

[齋藤功子]

2戸以上まとめた住宅のことを集合住宅といい，横につらなる連続住宅と縦に積み重なる積層型の集合住宅がある．積層型の集合住宅が本格的にわが国で生まれたのは，1955（昭和30）年発足した日本住宅公団（現，都市整備機構）がいわゆる団地を建設した後のことである．

本章では，主に積層型の集合住宅に関して学ぶ．

6.1 いろいろな集合住宅

集合住宅は下に示すように，アクセスによって（図6-1），また高さによって（表6-1）いくつかの種類に分類できる．

【フラットとメゾネット】
　フラット：1つの住戸が1層で構成されている．
　メゾネット：2層以上で構成される．

【テラスハウスとタウンハウス】
　テラスハウス：2戸以上の住戸が連続し，上下に積層せず各戸が専用庭をもつもの．
　タウンハウス：上記に加え共用の庭や駐車場など，コモンスペースをとるもの．3～4階建も含む．

テラスハウス

タウンハウス

●片廊下型

○各戸の条件の均等化
○通路側居室の居住性が劣る

●中廊下型

○方位が制約される
○通路側居室の居住性が劣悪となる

●階段室型

○方位の制約がない

図6-1　アクセスによる分類（出典：日本建築学会編「建築設計資料集成6 建築―生活」丸善，1979）

表6-1　高さによる分類（出典：日本建築学会編「建築設計資料集成6 建築―生活」丸善，1979）

低層	2～3階	階段
中層	5階まで	
高層	15階まで	エレベーター
超高層	16階以上	

6.1.1 住戸の計画

集合住宅の1世帯分の住まいを住戸という．住戸計画はまず，公営住宅や公団住宅による「標準設計」から始まる．これは，戦後の絶対的な住宅不足の解消を目的とし，不特定多数の住民を対象として，おもに家族人員に基づき類型化することで供給された（図6-2）．

「nLDK」で表現される標準設計は，新しい生活様式の提案もともなって，公的住宅にとどまらず，民間集合住宅の住戸計画にも影響を与えた．現在でも，面積で住戸の広さを表現するより，2DKや3LDKという表現の方が一般的には理解されやすいという状況をつくっている．一方で，画一的な住戸計画への反省から，個別要求にあった住戸や一戸建て住宅に近い住戸，供給段階から居住者参加ができる計画など，多様な集合住宅計画がみられるようになった（図6-3，6-4）．

【スケルトンとインフィル】

2段階供給方式のことで，集合住宅においてスケルトン（躯体）とインフィル（間仕切り，内装など）に分け，住まい手のニーズに合わせ，間取りや設備を整える方法である．

図6-2　標準設計による住戸（出典：牧野　唯ほか「住まいのインテリアデザイン」朝倉書店，2002）

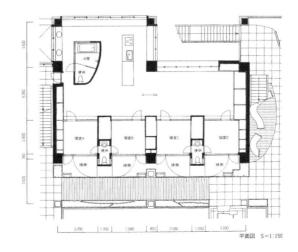

図6-3　個性的な住戸（出典：大阪ガス「大阪ガス実験集合住宅NEXT21住戸コンセプト集」）

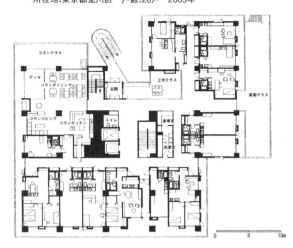

図6-4 コレクティブハウスかんかん森（図の出典：NPO法人コレクティブハウジング社／写真撮影：齋藤功子）

【コーポラティブ住宅とコレクティブ住宅】

　コーポラティブ住宅とは，入居者が建築組合を結成し協同で住宅を建築するものである．一戸建てのものもあるが多くは集合住宅で，個性的な住戸や共用空間にも特徴がある．建築時における話し合いを通して，入居者相互のコミュニティの形成も図れる．所有形態としては持ち家が多い．コレクティブ住宅は，生活面における協同性がコーポラティブ住宅より強く，子育てや食事などの協同を通して生活を支え合う側面が強い．所有形態としては賃貸が多い．

6.2　集合住宅の管理

　一戸建て住宅，集合住宅を問わず，住まいは建てられたときから傷み始めるため，定期的，計画的なメンテナンスが欠かせない．一戸建て住宅の管理の場合，同居する家族の合意があれば可能であるが，集合住宅の場合は合意の形成が複雑である．また，賃貸か分譲かといった所有形態の相違により，管理の仕組みが異なる．

6.2.1　賃貸集合住宅の管理

　賃貸集合住宅の場合は，所有者が特定されるため，ある意味で統一的な管理が可能であるといえる．ただし，住民が自分の所有物でないことから，住まいや共用空間への愛着心が欠落した場合，日常的管理が滞りがちとなり，荒廃を促進する**バンダリズム**（破壊主義）に陥る危険もある．賃貸集合住宅の管理に関しては，先駆者**オクタビア・ヒル**の活動が参考になる．

バンダリズム：破壊と略奪をほしいままにしたバンダル族にちなんで呼ばれる破壊行為のこと．
オクタビア・ヒル（1838〜1912）：1865

6.2.2 分譲集合住宅の管理

分譲集合住宅の場合は，**建物の区分所有等に関する法律**（一般に区分所有法と呼ばれる）に基づき，専有部分と共用部分に区分されることを理解することが重要である．所有者は，専有部分を区分所有し，共用部分は区分所有者全体で所有し，その持ち分は専有部分の床面積の割合に従うというのが基本的な考え方である．図6-5, 6-6に示したように，共用部分は多様である．各住戸の専有部分も，例えばバルコニーなどは占有的な使用は認められるが共用部分であり，窓ガラスや玄関ドアなど，専有部分であると思われがちな共用部分もある．専有部分の管理に関しては所有者がその責任を負うが，共用部分の管理に関しては区分所有者全体で担うこと

年ロンドンのスラム内に集合住宅を買いとり，家主となった．彼女は定期的に家賃を徴収し，共用空間の清掃や修繕，住人への住み方の指導を行った．彼女の住宅管理の考え方は，所有の有無に関わらず，住人が自分の住まいとその周辺環境に愛着心と自立心をもつことが重要であると示したといえよう．

イギリスでは，ヒルはナイチンゲールとともに，19世紀の社会生活改革に貢献した代表的な女性とされている．

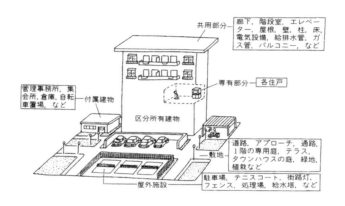

図6-5　分譲集合住宅の所有区分（出典：団地サービス「計画修繕の手引き」）

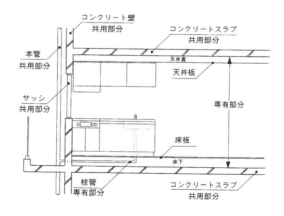

図6-6　住戸のなかの専有部分と共用部分（図作成：牧野　唯）

表6-2　管理の内容

維持管理	共有部分の変更・処分	経営管理	生活管理
建物，エレベーター，給排水・電気設備などの点検・保守，植栽管理，共有部分の清掃，損害保険の契約	建物の補修，建て替え，駐車場の設置や廃止	管理費・修繕積立金などの徴収・出納・保管，予決算の作成	住民相互の生活上の秩序と安全の維持

なる．

表6-2に示した管理を行うためには，区分所有者の合意形成が必要である．集合住宅の管理組合は区分所有法第3条に規定され，管理組合の実際の運営は以下のように分類できる．

①管理業務を全面的に管理会社に委託する．
②一部の業務を委託する．
③全面的に自主管理する．

最も多くみられる形態は①の全面委託であるが，それぞれの長短所を見極め，選択することが重要である．

マンションの購入に際して，特に中古マンションの場合は「管理状況で選ぶべし」といわれる．管理の良否は住みよさと直結しており，時間を経ると住まいの傷みの程度に大きな差が生じる．国は，1985年に「(財)マンション管理センター」を設立し，分譲集合住宅の適切な管理や修繕に関するアドバイスを行い，修繕積立金の効率的な運用と情報提供の業務を開始している．

分譲集合住宅を購入する人のなかには，一戸建て住宅に比べてメンテナンスが楽であるとか，わずらわしい近所づきあいが少なくて楽というような理由で選択する人もいるかもしれない．しかし実際には，一戸建て住宅と同じかそれ以上に適切な管理が，自分の財産である住まいを守ることにつながるのを理解することが重要である．

6.2.3 集合住宅での暮らしのルール

人が集まって快適に暮らすためには一定のルールが必要である．表6-2に示された生活管理がこれに当たり，住民相互の生活上の秩序と安全の維持につながる．積層型集合住宅の特徴として，上下に住戸がつながることがある．これに関連して，集合住宅のトラブルでは音に関することが最も多い（12.3節参照）．音の伝搬は上階から下階に伝わる．イスを引く音，子どもがソファーから飛び降りる音，電気掃除機の音などは，自分の住戸で聞こえるよりも下階での方がより大きく響くことを理解しなくてはいけない．暮らしを営む上の生活音はお互い様のこととはいえ，時間帯や頻度に気をつけるべきである．また，音への感覚は非常に情緒的な側面が強い．正体不明の音に関して，警戒心は強いものとなる．通常の近所づきあいは「お隣」を中心とした横のつながりが強いが，集合住宅においては上下階を加えるべきである．同じ音でも，顔も知らぬ住民のものより，いつもあいさつを交わす住民のものでは受け止め方が異なるものである．

6.3 高層集合住宅での暮らし

都市化の進展とともに，集合住宅の高層化が進んでいる．高層集合住宅は，高層階ほど価格設定が高く，人気も高い．眺望の良さが大きな魅力で

建物の区分所有等に関する法律：「区分所有法」「マンション法」とも呼ばれる．1962年に制定された集合住宅で生活する上での基本的なルールとなる法律である．建物の大規模な修繕や建て替えを決めるときの方法についても定めている．この点に関して，下に示すように1983年および2002年に改正されている．

(1) 1983年主な改正点
・共用部分の変更（軽微な変更以外：全員同意→3/4以上の賛成，軽微な変更：3/4以上の賛成→1/2以上の賛成）
・規約の変更（全員同意→3/4以上の賛成）
・30人以上の区分所有者で管理組合法人を設立
・建て替え決議の導入（4/5以上の賛成と費用の過分性要件等）等

(2) 2002年主な改正点
・共用部分の変更（通常の大規模修繕：3/4以上の賛成→1/2以上の賛成）
・管理組合法人化の人数要件の撤廃 等

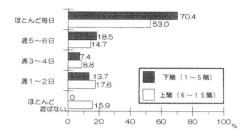

図6-7 3〜5歳児の屋外遊び日数（芦屋浜団地）（出典：奈良女子大学湯川研究室「住宅」）

あるのだろうが，まったく問題はないのだろうか．

6.3.1 子どもの外遊び

図6-7にみるように，高層階に居住する子どもの外遊びは，低層階に居住する子どもの外遊びに比べると，頻度が少ない．

幼児は，特に3歳ぐらいまでは親が外遊びに一緒に行くか，一緒に行けないまでも外で遊ぶ子どもの様子がわかる範囲でなければ，親も子も不安に思うものである．集合住宅で，外遊びをする子どもの気配が住戸のなかからわかるのはせいぜい3階ぐらいまでで，地上からの距離が離れる高層階ほど子どもの外遊びは阻害されるといえる．同様に，妊産婦や高齢者の外出機会の減少も報告されており，高層集合住宅に居住するのに適した家族形態については慎重に考えなければいけないことを示唆している．

6.3.2 犯罪発生と集合住宅

集合住宅における犯罪の発生状況について，空間犯罪学ともいうべき研究の先駆者，湯川利和の研究成果からみてみる．ニューヨークにおける凶悪犯罪の発生場所を集合住宅の階高の高低別にみると，高層集合住宅ほどエレベーターや廊下といった共用空間での発生が多い（図6-8）．エレベーターや廊下は，一般的な道路に比べ密室性の高い通路空間であり，そこでの犯罪には，窃盗や暴力よりも性犯罪が多いことも特徴的である．図6-9に示したように，中層集合住宅と高層集合住宅での性犯罪の発生率を比較すると，高層での発生率が高いことは明らかである．原因の1つには，高層における匿名性の高さをあげることができる．例えばエレベーターを取り上げた場合，中層ではエレベーターが設置されていない場合もあり，また設置されていても高層よりは利用者が特定されやすい．1台当たりの日常的な利用者が少なく，エレベーター利用者が互いに顔見知りになれるような計画であれば不審者の発見が容易であるため，建築時における配慮が必要だといえる．このようなことを住民の「領域性の確定」という．また，通路空間である廊下や階段が閉鎖的でなく，住戸内から気配が感じられる計画であることも重要であり，図6-10に示したように，共用

廊下に面して住戸内の家族が集うリビングを配したリビングアクセスや，玄関ドアをガラス張りにした住戸空間も考えられつつある．

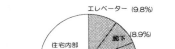
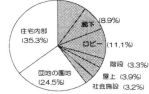

図6-8 犯罪件数と発生場所：ニューヨーク市住宅公社保安部1969年の資料から，凶悪犯罪のみ（出典：湯川利和「不安な高層 安心な高層」学芸出版社，1987）

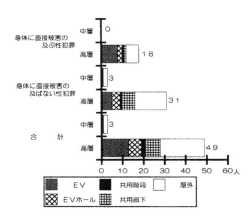

図6-9 性犯罪の発生場所（出典：湯川利和「不安な高層 安心な高層」学芸出版社，1987）

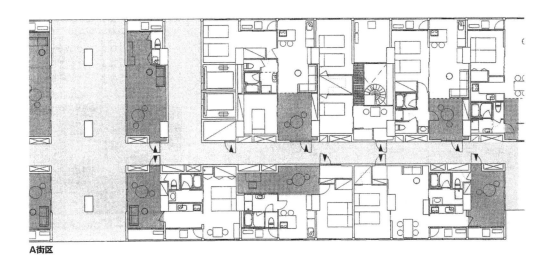

図6-10 リビングアクセスのプラン：東雲キャナルコート（出典：日本建築学会編「建築設計資料集成」丸善）

7. 人間工学

[宮川博恵]

　産業革命後，機械の発達とともに「もの」が大量生産されるようになったが，製作の場では操作する人と機械との不一致から事故が多発するようになった．安全性や作業効率を高めるためには，人体寸法をはじめ，人のいろいろな作業・姿勢に伴う動きや，空間について知る必要がある．

　このような背景から生まれた人間工学は，人間の作業能力と限界を知り，これに合わせて機械などの使いやすさを追究する学問であるが，近年ではさまざまな領域で人間工学の研究成果が応用された製品をみることができる．

　本章では，日常の生活行為に必要な空間の寸法や，家具・設備の寸法を具体的に把握し，それらに配慮した住まいを考える．

7.1 人体寸法と動作寸法

7.1.1 人体寸法と略算値

　私たちの身のまわりのものは，身体各部の寸法を基準にして作り出されている．統計的にみると，各部位の長さ寸法は身長に比例し，また各部位の重さの割合は体重に比例しているため，図7-1に示すような略算値から

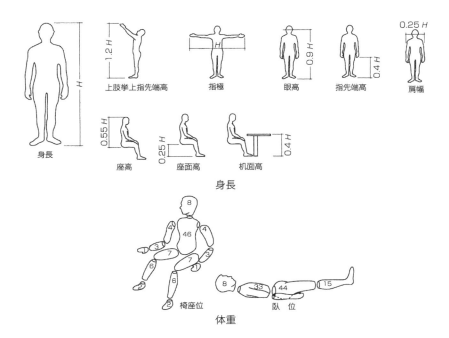

図7-1　人体寸法の略算値（身長，体重）（出典：小原二郎ほか編「インテリアの計画と設計 第二版」彰国社，2000）

44　7. 人間工学

おおよその部位の長さや重さを知ることができる．人体の質量比は，身体を支える家具の強度計画などで参考にされるが，椅子に座った姿勢のとき，**座面**は体重の85％近くの重さを支える．

人間の身長・体重・体形は性別・年齢・民族により異なる．身長や体重は暖かい地域で小さく，北方で大きい傾向にある．

7.1.2 姿勢と動作空間

人は日常生活のなかでいろいろな姿勢をとるが（図7-2），これら動作姿勢は立つ（立位），腰かける（椅座位），座る（平座位），寝る（臥位）に大別される．**アイレベル**は姿勢によって変化する．

住様式を床と姿勢との関わり方でみたものを**起居様式**といい，畳や床の上に直接座ったり寝たりする平座位姿勢での生活を床座，椅子やベッドを使用する椅座位での生活を椅子座という．床座は部屋の用途に転用性のあることが特徴で，必要な家具を部屋に広げることでさまざまな生活行為を1室で行うことができる．これに対し椅子座の場合は，部屋の用途に合わせた家具を配置するため，広い空間が必要になり，部屋の用途も固定される．

身体各部を動かしたときに，平面的または立体的につくられる可動範囲を作業域（動作域）という．作業域には水平作業域（図7-3）と垂直作業域があり，水平作業域と垂直作業域を組み合わせたものを立体作業域という．ひじを曲げた状態で自由に手が届く領域を通常作業域，上肢を伸ばし

> 座面：椅子の座る部分をいう．
>
> アイレベル：視点の高さのこと．高さ方向の設計時には参考にする必要がある．
>
> 住様式：住生活や住み方の慣習的な行動形式などのこと．
>
> 起居様式：床座と椅子座は対になる関係である．

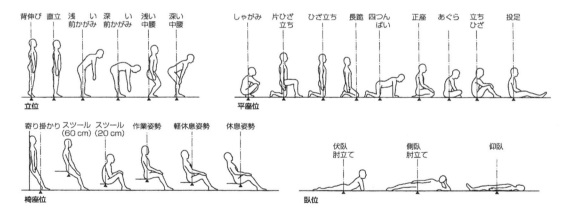

図7-2　基本姿勢とその基準点（出典：渡辺秀俊編「インテリア計画の知識」彰国社，2008）

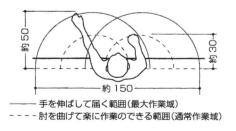

図7-3　水平作業域（出典：日本建築学会編「建築設計資料集成3 単位空間Ⅰ」丸善，1980）

た場合に達する領域を最大作業域という．

　人とものを含んだ，作業に必要な広さを動作空間という（図7-4）．動作空間は「人体寸法または動作寸法」+「ものの機能寸法」+「ゆとりの寸法（あき）」で見積もるが，必要最低限の動作が行える空間を最小空間，それにゆとり空間をもたせたものを必要空間という．

7.1.3　人体寸法とプロポーション

　美しいもののプロポーションには一定の比率がある．安定した造形美を創るとしてヨーロッパで古くから用いられた比率を黄金比（1：1.618の比率）という．

　建築家のル・コルビュジェは人体寸法を黄金比で分割し，その数の体系をモデュロールと呼び，均整のとれた建築をデザインするための指標とした（図7-5）．一方，世界最古の木造建築物である法隆寺は$\sqrt{2}$の比率をもつ矩形で構成されていて，この比率を白銀比（1：$\sqrt{2}$の比率）という．生活に身近なものの例をあげると，用紙はこの比率でできている（図

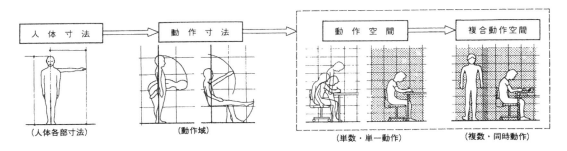

図7-4　動作空間の概念（出典：日本建築学会編「コンパクト建築設計資料集成」丸善，2005）

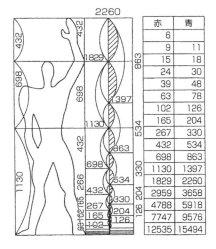

図7-5　ル・コルビュジェのモデュロール
（出典：渡辺秀俊編「インテリア計画の知識」彰国社，2008）

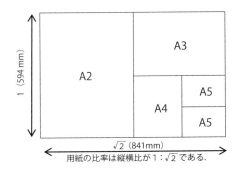

用紙の比率は縦横比が1：$\sqrt{2}$である．

図7-6　用紙の比率

7-6). 2つ折りにしてもそのプロポーションは変化しないため，A3用紙を半分にすると，A4サイズ（210×297mm）になる．

7.2 生活空間と寸法

7.2.1 尺貫法

日本では尺（約30.3cm，1尺＝10寸）を単位として，1間（6尺），1町（60間），1里（36町）という単位が長い間使われてきた（表7-1，7-2）．面積は坪（6尺×6尺）が基本単位で歩ともよばれ，その上は畝（30歩），段（または反＝10畝），町（10段，1町≒3,000坪）の単位が使われていた．このうち坪（3.3m^2）は今でもよく耳にする．

日本では明治時代に**尺貫法**から**メートル法**に移行し，現在では尺貫法は公式には使われていない．建築の図面もmm単位で表す習慣が定着しているものの，木造建築などでは慣用的に間・尺・坪といった寸法単位が基本単位（モデュール，後述）として使われることがある．

7.2.2 寸法の基準

住まいの設計や生産に用いられる寸法の単位または寸法の体系をモデュール，またこれらのモデュールを用いて住空間を構成することをモデュラーコーディネーションという．代表的なモデュールとして，畳の寸法が知られている（表7-3，図7-7）．畳1枚の大きさのうち，長辺が1間（約1,820mm）となるが，畳1枚の大きさ，3尺×6尺（約910×1,820mm）は住宅平面の計画を行うときに重要な基準寸法である．

畳には「京間」「田舎間」など，いろいろな呼び名と大きさがある．地

尺貫法：日本で明治以前に使われていた物の大きさや重さを表す単位のこと．度量衡（どりょうこう）．

メートル法：当初，1mは地球全周の4,000万分の1の長さとして定義され，人体とは本来何の関係もないとされる．

表7-1 一寸法師の大きさは？

一寸法師という昔話がある．椀に乗って川下りができるほど小さいのだ，と思って読んだ人が多いのではないだろうか．昔話当時は尺貫法による大きさ表現だったので，現代のメートル法に換算すると，一寸法師がどれくらいの大きさだったのかわかるに違いない．

表7-2 体積の単位

長さ方向は尺を基準にしていたが，体積はどのような単位を用いていたのだろうか？
一升瓶の「升」は体積の単位である．「合」の10倍，「斗」の1/10で，明治24（1891）年に1升を約1.8Lと定めた．

表7-3 畳の寸法（JIS）

	長さ	幅	厚さ
田舎間	1,760	880	
中京間	1,820	910	53
京間	1,910	955	
メートル間	1,920	960	

（単位：mm）

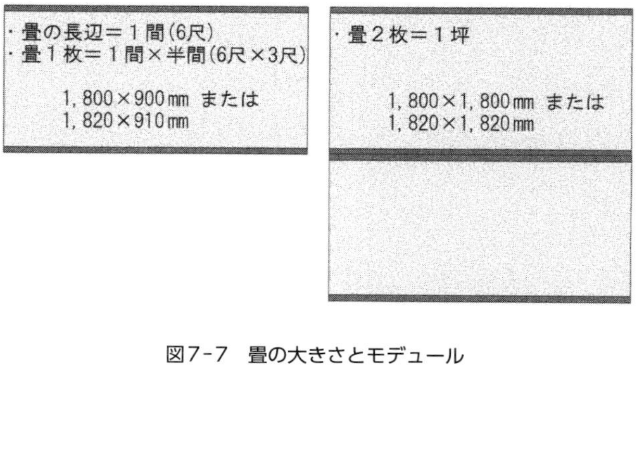

・畳の長辺＝1間（6尺）
・畳1枚＝1間×半間（6尺×3尺）
　1,800×900mm または
　1,820×910mm

・畳2枚＝1坪
　1,800×1,800mm または
　1,820×1,820mm

図7-7 畳の大きさとモデュール

方によっては京間のことを本間,田舎間のことを江戸間・関東間,あるいは京間のことを関西間と呼ぶこともあり,京間は広めで江戸間は狭い.

和室の設計では,柱の内側から内側の寸法（内法寸法）を基準として畳を敷きつめる方法（畳割）と,柱の中心から中心までの寸法（芯々寸法）を基準とする場合（柱割）の2つの方法がある（図7-8, 7-9）.柱割では実際に畳が敷かれる大きさは基準寸法より小さく,また柱が太いほど畳の大きさは小さくなる.柱割を用いると,施工する場所ごとに畳の大きさを決める必要があるが,畳割では畳はどこにでも施工できる大きさとなり量産ができることから,建築の規格化・合理化の面で優れている.

7.2.3 パーソナルスペース

人にはパーソナルスペースといって,各人の身体を取り囲む見えない空間領域があることが知られている（図7-10）.公共空間の混雑などで他者によってこの領域が侵害されると,不快に感じることがある.居心地の良い空間にするためには,適正寸法に加えて,心理的な快適さを考慮しなければならない.

パーソナルスペースは通常前方に広く,男性では後方の広がりが狭い

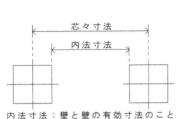

図7-8 内法寸法と芯々寸法

図7-9 畳割と柱割

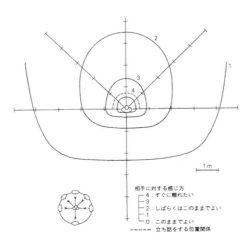

図7-10 パーソナルスペース（出典：日本建築学会編「コンパクト建築設計資料集成［住居］」丸善,2006)

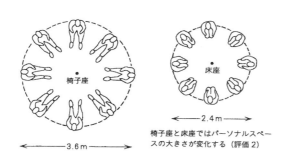

図7-11 会話環
(出典：日本建築学会編「コンパクト建築設計資料集成［住居］」丸善，2006)

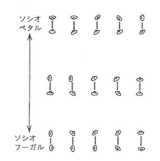

図7-12 ソシオペタルとソシオフーガル
(出典：日本建築学会編「コンパクト建築設計資料集成［住居］」丸善，2006)

表7-4 家具の分類

家具の分類	機能	家具の例
人体系家具	人の身体を支持する	椅子，ベッド
準人体系家具	ものを載せて人が作業する	机，調理台
建物系家具	ものを収納したり，空間を仕切る	戸棚，たんす

が，女性はまんべんなく周囲に広がって，男女でも領域の広がり方に違いがあると考えられている．また，パーソナルスペースの寸法は姿勢によっても影響を受ける．向かい合って会話をするような場合，床座では椅子座より会話環（図7-11）が80cm程度も小さくなる．

人が集まる部屋では，人と人との距離やかたちへの配慮が欠かせない．家具の配置を互いが向き合うようにするとコミュニケーションがとりやすいが，このようなかたちをソシオペタル（対面型）という．逆に背中合わせや互いの距離を離すと，プライバシーの確保が容易になるが，これをソシオフーガル（離反型）という（図7-12）．

7.3 家具と人間工学

7.3.1 家具の分類

家具を住様式で分類すると，和家具と洋家具に分けることができる．形態でみれば，脚物家具（椅子，テーブル，ベッドなど）と箱物家具（棚，たんすなど）に分類できる．同様に人やものとの関わり方から分類すると，**人体系家具**，準人体系家具，建物系家具の3つに分けることができる（表7-4）．人体系家具は椅子やベッドなど人体を直接支える機能をもつもので，準人体系家具は机や調理台などものを載せて人が作業をするもの，建物系家具は収納や遮断のための棚やついたてなどをいう．

近年では防災面への配慮や収納物の多様化に対応するために，造り付け家具の使用割合が増え，**置き家具**の利用が減ってきている．

人体系家具：アーゴノミー系家具ともいわれる．同様に，準人体系家具＝セミアーゴノミー系家具，建物系家具＝シェルター系家具ともいう．

置き家具：家具屋などで購入し，部屋に設置するタイプの家具のこと．

7.3.2 人体と家具

人間工学の研究・開発が進むなかで，人間は本来立ったままの姿勢の方が自然で，座った姿勢には多くの問題点があることがわかってきた．人の体は，立っているときには背骨がS字に曲がり，上体に無理がかからないようになっている．ところが，座った姿勢では背骨がその形を維持できなくなり，疲労を感じる．このような性質があるにもかかわらず，人の生活では椅子に座る姿勢が多いため，椅子や机の機能や寸法の適合性が重要になる．

座った姿勢の原点は**座位基準点**にあり，椅子の機能寸法はここからの数値で示される．また，座っているときに上体を支持する圧力の中心を背もたれ点という（図7-13）．

机の高さは，床からの高さより座面（座位基準点）からの高さが重要で，机の甲板上面と座位基準点の垂直距離を**差尺**という．差尺の値は座高のおよそ1/3程度が適正値といわれるが，学校用の机や椅子など，JIS規格もこの考え方による寸法規定となっている．

椅子の用途は作業用から休息用までさまざまだが，休息用の椅子ほど座位基準点が床に近く，座面と背もたれ点の角度は大きく，上体が倒れた休息姿勢となる．

座位基準点：座骨結節点（骨盤の左右の下端，椅子に座った姿勢ではこの2点が座面に最も強い圧力で接している）ともいう．座面の基準点ともいえる．

差尺：事務作業時の適性差尺は27～30cm程度．

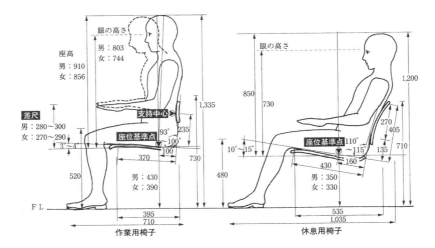

図7-13　作業用・休息用椅子の基準寸法（出典：尾上孝一ほか「完全図解 インテリアコーディネートテキスト」井上書院，1995）

8. 福祉住環境

[藤居由香]

8.1 アクセシブルデザイン

8.1.1 バリアフリーデザイン

　障壁となる物事を除去するデザインをバリアフリーデザインと呼ぶ．バリアフルな空間は，誰しもわかりやすく不満をもつものであるが，バリアフリーに整えられた場所は不具合を感じないため，込められた配慮に気が付いていないことがよくある．また，見た目は手すりやスロープのようにバリアフリー化されているようにみえても，実際に使う人にとっては，つかみにくく急勾配でバリアとなってしまっている箇所もある．
　図8-1は，福祉住環境に関するデザインの潮流を示したものである．物理的な空間を改善するだけでなく，ノーマライゼーションの考え方を背景に意識変革をする制度や，心理面のバリアフリー化も求められる．かつて社会が皆のために平等に同じものを提供する同一性を重視した時代から，

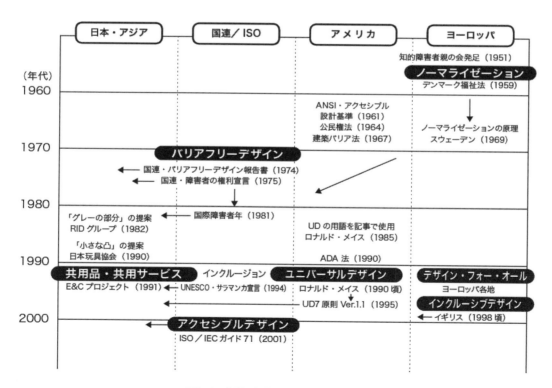

図8-1　主要な概念の登場と日本への波及
（出典：共用品推進機構ホームページ　http://www.kyoyohin.org/ja/kyoyohin/index.php）

身近な高齢者や障害者のような誰かのために，その個別の身体特性や状況に応じた選択肢を用意する福祉住環境整備の時代へと転換してきている．

8.1.2 ユニバーサルデザイン

ユニバーサルデザインは，住宅に限らず，文具やファッションの分野でも活用されている．例えば，左利きの人が右利き用の製品を使いにくいのを我慢しながら使うのではなく，どちらでも力を入れやすく操作しやすい商品を開発するといったように，すべての人が使いやすくなるようなものをユニバーサルデザインという．加えて，製品の説明書に図を用いるなどといった，言語や年齢による理解度の差を軽減し安全を確保する工夫のことも指している．

8.1.3 共用品と共用サービス

パソコンのキーボードには，J・F・テンキーの5のキー上に突起がある．この突起を指のホームポジションとすると，他のキーの位置を把握し手元を見ないで操作が可能となり，目が見えるか見えないかにかかわらず素早く的確に入力する上で役立つ仕組みである．このように障害の有無という目線ではなく，さまざまな立場の人が使用しやすい製品を共用品と呼ぶ．また同様の概念として共用サービスがあるが，人的支援や仕組みの構築により，音声と字幕のような複数の手段による情報提供を図ることや，自動化の推進による作業軽減なども含まれている．

8.1.4 インクルーシブデザイン

障害者の権利に関する条約にある「インクルーシブ教育システム（包容する教育制度）」については，教育機関において急速に導入が求められている．多様な学生を受け容れるために，デザインについてもインクルーシブに関する視点が加えられる時代が到来している．

例えば，来客者を知らせるインターホンについて考えてみよう．聴覚が有効な場合は，ブザー音を発生する一般的に普及している装置で対応可能である．一方，音を聴き取りにくいものの視覚が有効な場合は，点滅するライトの備えられた装置で知ることができる．多様性を受け止めるということは，皆に適した唯一の機能を用いてデザインすることではなく，誰かに適した機能を複数用意することにより，人々を包み込むことであるといえよう．

8.1.5 アクセシブルデザイン

新築の個々の住宅や各種施設などの単体のバリアフリー化は目覚ましいが，その場へ至るまでの道のりに困難があることもよく見受けられる．また，建築物以外にも必要な情報への到達難易度という意味で，アクセシビリティという言葉が使われている．合わせて，前述の共用品の英語訳とし

てアクセシブルデザインという言葉が用いられている．

図8-2は，足腰が衰えてきた祖母の農作業のためにカートのデザインを検討した作品である．自宅から農地までのアクセスルートにあるグレーチングの上を渡るため，その溝の寸法と車輪の関係性を考慮している．アクセシビリティを高めるデザインは，元来のまちづくりにおいて救急車や消防車を通行可能にして人の命を助けるために区画整理事業を実施した都市計画の系譜とも符合する．今後は，まち全体のバリアフリー化のために，アクセシブルデザインの推進が望まれる．

8.2 高齢者のための福祉用具

8.2.1 介護保険法に基づく福祉用具と住宅改修の制度

住まいを高齢者の身体状況に合わせて変更する際，介護保険制度を活用できるケースがある．住宅改修と福祉用具には，それぞれ9割償還払いの限度額が決まっており，その組み合わせの工夫と，身体状況の予想される変化とを総合的に判断することで，有効活用が可能となる．例えば，玄関の上がり框(かまち)の段差の昇降をしやすくするために，手すりを設置する場合を想定する．その際に，壁面に手すりを取り付ける住宅改修工事と，床面に据え置くタイプの福祉用具の手すりのどちらを選択するかの判断が必要となる．

8.2.2 移乗を支援する

福祉用具には，介護保険制度を活用するものと，それ以外のものがある．また，介護保険制度を活用した福祉用具は，購入する用具と貸与（リース）される用具の2種類がある．直接，身体の接触する面積の広い用具は購入扱いに定められているため，移乗用リフトの本体は貸与，吊り具は購入と別々の区分になる．

図8-3は，特殊寝台からの移乗リフトである．いわゆる介護用ベッドに

図8-2 自宅と農地往復のためのカートデザイン
（3DCAD学生作品）

図8-3 移乗のためのリフト

は，モーターの設置数でツーモーター，スリーモーターと呼ばれ，背もたれや膝部分が折れ曲がり，姿勢の変換を補助する役割を果たす．とはいえ，適切な腰の位置のセッティングを怠ると，かえって身体負担が大きくなる．寝たきり状態から，ベッドから起き上がり座ることができるようになる，あるいはリフト使用によりトイレや浴室への移動が可能になると，本人の自立支援と，介助者の介護負担の軽減につながる．

8.2.3 歩行を支援する

近年，デザインの工夫された杖が店頭に並び，多様な商品選択が可能になったものの，歩行に不適切な長さの製品を使用している人が少なくない．左右で向きが異なる多点杖（多脚杖）の場合は，正確な使用法を意識することが重要である．白杖は，体重をかけるのではなく障害物や点字ブロックを確認するためのものである．点字ブロックは，凹凸だけでなく明確な色の差も識別に使われているので，通路と同系色の点字ブロックを用いないことも大切である．

図8-4のように，手すりの高さや杖の長さは，地面から大腿骨大転子の位置までの距離を目安にする．また，つかむ部分も手の大きさに合わせ，体重を預けやすいものを探すのがよい．

8.2.4 移動を支援する

自立歩行が難しくなると，移動には車椅子を使用することになる．腕力があれば自走用車椅子の使用が可能だが，適切な踊り場の設置があってもスロープの昇りは疲労がたまり，降りはスピードが出すぎて危険である．室内で自走用車椅子生活を送るには，方向転換が必要な場所では，回転半径を考え1,500 mm四方程度の空間確保が必要となる．

図8-5は，車椅子を介助者付きで斜面走行した場合の荷重を測定した様子である．校舎の屋外スロープ中央には点字ブロック，全体にはインターロッキングブロックが敷設されており，車椅子走行では座面が揺れ不快感

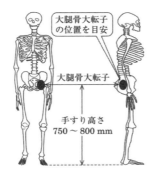

図8-4　手すりの高さ（出典：佐橋道広「実例でわかるバリアフリー改修の実践ノウハウ」オーム社, p. 154, 2011）

図8-5　車椅子による移動

をともなうため，車椅子利用者と視覚障害者との共存が困難な事例である．

8.2.5　外出しやすい出入り口

　集合住宅では，エレベーターが設置済みで，玄関が自動ドア，道路面へのアクセスにはスロープがついているなど，車椅子生活になっても空間上は外出しやすくなっていることが多い．これに対し，戸建住宅では，道路面までに階段しか設けられていないケースも見受けられる．

　図8-6は，車椅子での外出を円滑にするために，掃き出し窓側からの出入りを行い，路面までのスロープを設置した事例である．類似例として克雪住宅の高床面の掃き出し窓側から，自宅の外周に沿ってスロープを長距離設けることで，高低差を補うケースもある．

8.3　身体特性に適した住宅改修

8.3.1　排泄の自立を目指すトイレ

　排泄の自立のために，寝室とトイレの間に距離がある場合は，夜間のみポータブルトイレに頼る方法がある．家具調の椅子のように見える商品や，重量があり据え置き後の移動が困難なものの暖房便座付きの製品もある．

　図8-7の例では，背もたれがついているので後方に体重をかけて安定した姿勢で排泄することが可能になる．左右に身体が揺れる場合は肘掛け付きのトイレにし，立ち上がる力が弱い場合には上方への体位移動の補助を行う便座を用いる．また，座面に軟らかい素材を用いた補高便座を置くだけで排泄しやすくなる場合もある．

8.3.2　入浴介助の軽減を目指す浴室

　入浴は，被介助者と介助者の双方にとって負担の大きい行為である．いずれの事情にせよ，自宅での入浴が困難になった場合の解決方法としては，デイサービスのような自宅外の入浴施設を利用する，訪問入浴のよう

図8-6　テラスからのアクセス（相良二朗「在宅ケアハンドブック　老後のマイルーム」家の光協会，p.20, 1999を一部改変）

図8-7　肢体不自由児の座位保持のための背もたれ付きトイレ

に自宅で訪問入浴車に積まれた浴槽で入浴する，自宅の浴室改修により入浴を可能にするという3つの方法が考えられる．

図8-8は，左片麻痺者のための浴室改修事例である．移乗台に座り，身体の向きを90度回転させてから，ゆっくりと健側の右足を浴槽に踏み入れる．

トイレ，浴室，台所のように給水管と排水管の配管が必要な空間は，建築後の移設が他の部屋よりも困難なだけでなく，設備機器の寿命も短いので，設計時に広い空間を確保し，リフォーム工事しやすい場所に設置しておくことが将来予測として必要である．また，居室から浴室や脱衣室，トイレまでの移動空間に温度差が生じることによる身体変化（ヒートショック）を起こさないように，温熱環境の管理も重要である．

8.3.3　移動しやすい階段と廊下

階段は転落の危険性を伴う空間のため，踊り場や踏面と蹴上げの計画や段鼻の明確化を考える．住宅金融支援機構の部分的バリアフリー工事高齢者返済特例制度の技術基準によると，住宅内の階段には手すりを設けるように定められており，「下りのときの利き腕側にとぎれないように連続して設置する」よう留意する旨が明記されている．手すりは，端部に袖が引っかからないようにするためと，次の手すりとの距離が遠いことによる体位不安定を避けるためにも，連続性をもたせることが大切である．

図8-9のように，多数が使用する場所では，身長差により適切な手すり高さが異なるため，2つの高さの手すりを設けることで不具合の緩和を図る．また，前述の技術基準によると，居室とつながる廊下の幅については78cm以上，出入口の有効開口幅は75cm以上とされている．

8.3.4　家事がしやすい住空間

バリアフリー化住宅が増え，建具も引き戸が増えてきた．なかでも，敷居の不要な上部吊りレールのみの建具により，足元の平滑化が図られている．掃除ロボットも普及し始めており，面一の床面の確保は家事労働の軽

図8-8　左片麻痺者のための浴室と移乗台

図8-9　手すりの連続

減にもつながる．洗濯については，車椅子でも取り出しやすい形状のドラム式洗濯機で，乾燥まで自動化された商品がある．また，椅子に座ったまま作業できる自動昇降の物干し竿などといった製品も登場しており，電気製品が身体能力の衰えを補えるようになってきている．

図8-10は，椅子や車椅子に座って調理できるキッチンの事例である．調理台だけでなくアイロン台や洗面台についても，従来は収納棚が設けられていたスペースに膝が入るようにすることで，座って家事ができるようになる．作業台の机面の高さは，立位に適した寸法より低くすることで作業性が高まるが，シンクの浅いものでないと着席調理が難しいため，水栓金具を泡沫用に換えて水はねを減らす工夫が必要になる．住空間づくりが衣食住生活の自立のために果たす役割は大きく，家事負担の軽減を視野に入れた福祉住環境を整えていきたい．

8.4 福祉住環境に関する法規

8.4.1 バリアフリー法（2006年）

バリアフリー法（高齢者，障害者等の移動等の円滑化の促進に関する法律）は，ハートビル法（高齢者，身体障害者等が円滑に利用できる特定建築物の建築の促進に関する法律）と交通バリアフリー法（高齢者，身体障害者等の公共交通機関を利用した移動の円滑化の促進に関する法律）と呼ばれていた2つの法律を合わせて定められた．「高齢者，障害者などの自立した日常生活及び社会生活を確保する」ために，多数が利用する建築物と，そこへのアクセスの両方に対する配慮が求められている．

8.4.2 介護保険法（1997年）

介護保険法は，日本の急激な高齢（化）社会に対応すべく，2005年，2008年，2012年と頻繁に改正されている．介護保険制度により，国民の保険料納付と，国，都道府県，市町村の税金投入により，要介護認定を受けた者は，事業者の提供するサービスの享受が可能となった．制度のなかには住宅改修や福祉用具の費用負担も含まれており，高齢者および障害者

図8-10　ワークトップ下部に空間を確保したキッチン

の自立を支援するものである．福祉住環境コーディネーター2級以上の有資格者は，「住宅改修が必要な理由書」の作成を担うことが自治体によっては可能である．今後も法改正が予想されているため，最新情報に注視する必要がある．

8.4.3　福祉用具法（1993年）

福祉用具法（福祉用具の研究開発及び普及の促進に関する法律）条文のなかで，福祉用具の販売または賃貸の事業を行う者は「老人及び心身障害者の心身の特性並びにこれらの者の置かれている環境を踏まえ，その管理に係る福祉用具を衛生的に取り扱うとともに，福祉用具の利用者の相談に応じて，当該利用者がその心身の状況及びその置かれている環境に応じた福祉用具を適切に利用できるように努めなければならない」とあり，これは事業者に限らず，同居する家族のふるまいにも必要な事柄といえる．福祉用具販売の事業者での就労にあたっては，福祉用具専門相談員資格を厚生労働省指定講習会（実習含む）で取得しておくとよい．

8.4.4　住宅セーフティネット法（2007年）

住宅セーフティネット法（住宅確保要配慮者に対する賃貸住宅の供給の促進に関する法律）の「住宅確保要配慮者」とは，低額所得者，被災者，高齢者，障害者，子どもを育成する家族を指す．公的賃貸住宅の供給促進と，民間賃貸住宅への円滑な入居の促進を目指している法律である．

8.4.5　高齢者が居住する住宅の設計に係る指針（2001年）

国土交通省の告示「高齢者の居住の安定の確保に関する基本的な方針」では，従前の「長寿社会対応住宅設計指針」から引き継がれ「高齢者が居住する住宅の設計に係る指針」として設計上の注意事項が定められており，段差については，「日常生活空間内の床が，段差のない構造（5mm以下の段差を生じるものを含む.）」という記述がある．

9. 住まいの設計と表現　　　　　　［大谷由紀子］

　日本を代表する建築家・清家清は，1950年代から数多くの名建築を発表し，「森博士の家」「斎藤助教授の家」「私の家」は戦後住宅建築の傑作といわれる．清家清は晩年，住宅設計についてある対談で「住宅は英語でHouseだけど僕はHomeをつくりたい」と語っていた．住宅は物理的に雨風をしのぐ構造物であるが，同時に清家清がHomeと表現したように，家族の日々の営みを包み込む建築でもある．言い換えると，住まいの設計とはそこに住むひとびとの暮らしをデザインすることである．

9.1　設計のプロセス

　現在，住宅のほとんどは専門技術者が設計し，専門業者が建設している．設計者は住まい手の要望をつかみ，数々の条件を整理してプランを作成し，施工業者は設計されたプランどおりに住宅を建設する．特に設計者がプランを作成する段階では，法規，構造，設備，環境，資金，施工など多くの専門知識と技術が求められる．ここでは注文住宅を事例に，設計の依頼から完成までのプロセスを概観する．

《企画》

図9-1　依頼・企画

　住宅を建てようとする人（建築主，施主）が，専門家に「○○の土地に，予算○○で，○○の住む家」といった依頼を行う．設計者ははじめに建築主と十分に話し合い，家族構成やさまざまな要望を聞き取ることから仕事を始める．

《基本設計》

図9-2　基本設計

　土地や建築の諸条件を整理し，施主の要望をもとに空間規模，暮らし方，将来計画などを検討し，具体的な形として基本プランを確定する．その際，模型やスケッチでスタディし，建築主には優先事項や制約事項について説明し，意思疎通を図りながら基本プランへの合意を得る．設計だけでなく，資金計画の相談や提案を行うこともある．

《実施設計》

図9-3　実施設計

基本設計をもとに建築仕様，構造，設備の詳細設計を行い，見積もりと実際の工事を行うための図面を作成する．同時に法的手続きである確認申請を行う．図面は意匠図，構造図，設備図，**仕様書**などすべてを含み，設計図書としてまとめる．

仕様書：建物の材料，品質，性能，メーカー，施工方法などを図面や書面で示したもの．

《見積もり・工事の発注》

図9-4　見積もり

設計図書に基づき，単価と数量から工事にかかる総費用を算出する．工事を行う業者は数社から見積もりをとり，金額や工事業者の実績など総合的に判断し，建築主が最終的に選定する．工事契約は建築主と工事業者で結ぶ．

《工事監理・検査》

図9-5　工事監理

工事が始まると，設計者は図面や仕様書通りに工事が行われているかを確認する工事監理の立場になる．工事が完了すると設計者は最終検査を行い，各種手続を経て竣工する．

《引き渡し・アフターメンテナンス》

図9-6　引き渡し

竣工した住宅を建築主に引き渡し，設計の仕事は終了する．ただし，設計者は，引き渡し後のメンテナンス，修繕，増改築の相談を受け，住宅がいつまでも使われ長持ちするようアドバイスを行うことも重要な仕事である．

9.2 表現の方法

9.2.1 図面とは

　図面は，住宅だけでなくすべての建築において，プランを作成し，工事を行い，竣工するまでの全行程で技術者たちの意思疎通を図るコミュニケーションツールである．設計者はどのような形，規模，構造，室内環境を提案するのかを図面で正確に表現し，施工業者は図面を正確に読み取り施工する．小さな家具から大規模建築まで，また海外の建築を設計する際も，言語の異なる技術者たちは共通の図面で意思疎通を図る．建築主もどのような住まいが計画されているのか，図面で知ることができる．そのため，図面の表記にはルールが設けられている．さらに，1つの建物に数多くの図面が描かれるため，ルールに基づいた，目的別に表現内容の異なるさまざまな種類の図面がある．

　図面の種類を建設の行程から分類すると，プランを練り確定した段階の基本計画図，積算し工事を行うための実施設計図，施工の段階で各部の詳細を描く施工図などに分かれる．工事区分では，建築意匠図，構造図，給排水・電気設備図などに分類される．以下の項では一般図のなかで代表的な図面を説明する．

9.2.2 図面の種類

a. コンセプトの策定，イメージの構築

　企画から基本設計まで，設計者は建築主の要望や諸条件を整理し，アイデアを練り，**コンセプト**を策定し，具体的な形にするまでスタディを重ねる．設計者によってスタディの方法はさまざまであるが，アイデアを図式化し（**ダイアグラム**），暮らしのイメージを構築し，スケッチを描き，模型やパース（透視図）で空間を確認し，再度スケッチを描くといった試行錯誤を重ねる．これらの総合的な作業がエスキスであり，最終的に基本設計図としてまとめる．

b. 配置図，平面図

　配置図は，敷地と住宅との位置関係，方位，道路や隣接する敷地建物の状況，庭や駐車場，植栽の計画などを示す図面である．

　平面図は，住宅の各階を水平方向に切り真上から（床面から約1mの高さで）見た図面であり，間取りを示す．平面図は各階ごとに作成する．なお，住宅設計では配置図と1階平面図を兼用し，1枚の図面で表現する配置図兼1階平面図を描くことが多い．

c. 断面図

　断面図は，住宅を垂直に切り，切断面とその先を見た図面である．断面図は垂直方向の高さ関係を示し，各階の**階高**，天井高，窓の高さ，上下階のつながり，地盤面との関係，軒や庇の出や寸法などを描く．また，切断

コンセプト：設計者が提案する内容の中心となる，思想やアイデアのこと．
ダイアグラム：生活像や設計のアイデアを図式化したもの．

階高：床面から直上階の床面までの高さ．

9.2 表現の方法　61

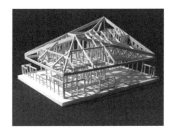

図9-7　ゾーニング
(出典：日本建築学会編「コンパクト建築設計資料集成［インテリア］」丸善, p.84, 2011)

図9-8　構造模型

表9-1　設計の諸条件

| 敷地条件，気候条件，周辺環境 |
| 家族構成，年齢，職業など基本属性 |
| ライフスタイル（暮らし方） |
| 将来計画 |
| 部屋の用途と関係 |
| 要求性能の水準 |
| 予算，資金計画 |
| 工期 |
| 建築基準法，建築関連法規　など |

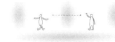

図9-9　ダイアグラム

する方向が異なる2つの断面図を描く．建築主に説明する際，断面図をパースと融合させビジュアルに表現した断面パースを作成することもある．

　d.　立面図

　立面図は，東西南北4方向から建物の外側を見た図面である．姿図ともいわれ，建物の外観や外装仕上げ，屋根仕上げ，窓形状などを表現する．また，斜線制限のチェックを行うときにも使用する．

《展開図》

　展開図は，各部屋の中心に立ち，東西南北4方向の室内側壁面を見た図面である．各部屋内の天井高，窓や建具の位置，家具や設備機器の位置関係を表現している．

62　9. 住まいの設計と表現

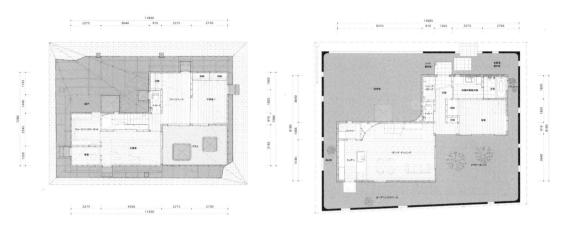

図9-10　1階平面図兼配置図

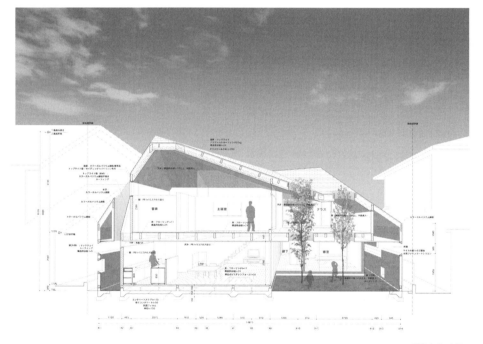

図9-11　断面パース

e. パース, アクソメ, CG, 模型

　設計者はスケッチや図面を描くだけでなく, 模型やパースを作成し3次元空間でスタディする. 建築主へのプレゼンテーションでは, 設計者のアイデアや完成予想図をわかりやすく伝えることが求められ, 3次元で表現されたものを活用する. 例えば, ビジュアルに表現されたパース, アクソメ（軸測投影法の1つ）, 模型, 写真, CG, あるいはこれらを融合させたものなど, さまざまな手法が採用されている. 表現方法は, 3DCGなど最新技術を用いたものから手描きのものまで多様である.

f. 3Dモデル

従来は2次元の図面からパースや模型を起こしていたが，近年でははじめにPC上に3Dモデルを作成し，設備，構造，積算，施工まで同時にシミュレーションしながら設計を進めている．それにより，計画に変更が生じた場合も即座に対応でき，図面間の整合性が保たれる．さらに，施工時の問題を設計段階から確認でき，竣工後のマネジメントにもデータを活用できるメリットがある．建築主へのプレゼンテーションにおいても，3Dデータを3Dプリンターで出力し，精度の高い模型で説明することができる．

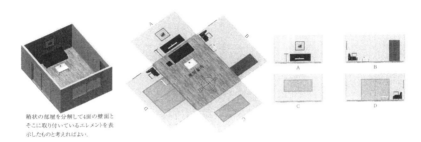

図9-12　展開図の考え方（出典：日本建築学会編「コンパクト建築設計資料集成［インテリア］」丸善，p.86，2011）

図9-13　建築主へのプレゼンボード

図9-14　竣工後の住宅（撮影：笹倉洋平）

図9-15　3Dプリンター出力模型
（出典：日本建築学会編「コンパクト建築設計
資料集成［インテリア］」丸善，p.84，2011）

9.3　図面のルール

　図面は建築技術者たちが意思疎通を図るツールであり，決められたルールに従って描く．図面には多くの情報が盛り込まれるため，一目でわかるように記号や用語で表記する．図面のルールは手描きもCADも同じである．

9.3.1　製図方法
□線の種類
　図面を描く線は用途に応じて使い分ける．線の種類には実線，破線，1点鎖線，2点鎖線があり，太さとの組み合わせで表現するものが異なる．
□縮尺
　建築図面は実物大で描くことができないため，1/200，1/100，1/50，1/30などに縮小して描く．表現する内容によって採用する縮尺は異なる．
□文字
　図面名称や室名は高さをそろえ，補助線を引いて描く．
□寸法
　図面はmmで示し，単位はつけない．
□表示記号
　窓や扉などの開口部，コンクリートやブロックなど材料構造は記号で表記する．
□方位，縮尺，図面名称
　図面にはすべて図面名称と縮尺を表示する．配置図や1階平面図には方位も入れる．

9.3.2 図面記号

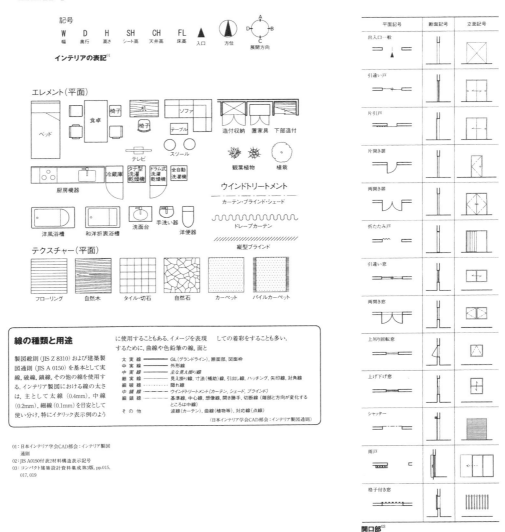

図9-16 表示記号・線の種類（出典：日本建築学会編「コンパクト建築設計資料集成［インテリア］」丸善, p.91, 2011）

図9.1～9.6のイラスト原画は，常翔学園摂南大学ビジュアル研究同好会により作成された．図9.8～9.11，9.13，9.14の住宅設計は，三宅正浩／y+M design officeによる．

10. 住まいと住生活の管理　　　　［中村久美］

10.1　住生活における管理の重要性

10.1.1　住まいと住生活を取り巻く状況

　住宅政策の3本柱（公営住宅，住宅公団，住宅金融公庫）のもとで住宅建設が進められた結果，1973年にすべての都道府県において住宅数が世帯数を上回った．一方で地球環境問題により，省資源，省エネルギーが当然の社会になっている．もはや住まいをめぐる関心や課題の中心は，新たな「計画」や「建設」から，「管理」や「活用」に移っている．

　少子高齢化や社会目標としての男女共同参画社会を考えると，誰もが，そして場合によって住民共同で，住まいをめぐるハード，ソフトの両面において，「見守り」「見直し」「点検」「手入れ」などの対応を心がけて暮らす生活の仕方が求められる．

10.1.2　住生活における6つの管理

　住生活における管理を対象ごとに整理すると，図10-1に示すような6つの側面があげられる．このうち④室内環境の管理は，住まいの快適性に影響する，通風，換気，採光，採暖などに関する調整行為である．エネルギーをなるべく使わずに，自然の力を取り込んで涼しさや暖かさを得る「自然との応答性」ある住み方が求められる．表10-1に具体的な生活行為を示す．

　本章では以下，住生活における②③⑤の管理について述べる．

図10-1　住まいと住生活の管理

表10-1 自然との応答性ある住み方

窓周りや部屋の住みこなし
1. 住戸内に風が通るように南北の窓をあける
2. 夏季，住戸内に風が抜けるよう，部屋の扉をあけはなす
3. 日中は照明をつけなくてもよいよう，できるだけ太陽の光をとりいれる
4. 冬季，できるだけ暖かい日差しを室内に取り込む
5. 冬季，寒気を防ぐため，外が冷えてくるまでに厚手のカーテンをしめる
6. こもった湿気や熱気を抜くため，時々家中の窓をあける
7. カーテンをひくなどして夏の日射をさえぎる
8. 日射や照り返しを防ぐため，バルコニーやテラス，専用庭に植栽を施す
開口部や建具，部屋のあり方
1. 続き間を取り入れる
2. 窓にひさしや日よけをつける
3. 季節を演出できる鑑賞空間を確保
4. 雨戸を取り付ける
5. 通風雨戸を使用する

（中村久美・今井範子：「ライフスタイルからみた環境共生に関わる住み方と住要求」，日本インテリア学会論文報告集，20号，37-45，2010より筆者作成）

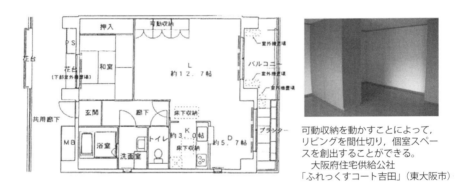

可動収納を動かすことによって，リビングを間仕切り，個室スペースを創出することができる。
大阪府住宅供給公社
「ふれっくすコート吉田」（東大阪市）

図10-2 可動収納を備えた賃貸集合住宅の事例（出典：大阪府住宅供給公社ホームページ）

10.2 生活空間の管理

生活空間の管理とは，家族の生活に適応した住空間を創出，調整することである．既存住宅の「住みこなし」から「リフォーム」，さらには「建て替え」「住み替え」に至るさまざまな段階が考えられる．

10.2.1 住みこなしとリフォーム

a. 住まいの住みこなし

住み手自身で行う家具の移動や模様替えなどにより，生活条件の変化に対応したり，日常の利便性，快適性を追求したりする「住みこなし」は，最も身近な生活空間の管理である．可動収納家具により，住み手自身がライフステージの変化に対応して生活空間を改変できる賃貸集合住宅もみかけられる（図10-2）．建具をとりはずしたり，逆に締切にしてしまったり

することによる，住み方の変更なども考えられる．

b. リフォーム

住みこなしでは対応しきれない家族や生活の変化には，リフォームによって対応する．家族の趣味や価値観にそって，個性ある生活スタイルを実現するためのリモデルも最近では増えている．家族の高齢化や身体特性に応じた住空間の改変，改修もリフォームの重要な目的となる．

リフォームの種別を表10-2に示す．このうち「減築」（図10-3）は，自然を取り込む開口部が増えたり，住まいを縮めることで資源やエネルギーの使い方の無駄を省いたりする効果がある．現状のリフォームは，「改装」に相当する設備の改善や内装の模様替えなどが多い（図10-4）．なお，マンションにおける各住戸のリフォームは，専有部分が対象範囲になる（詳しくは第6章参照）．

表10-2 リフォーム工事の種別

増築	既存住宅の床面積を増加する工事
改築	既存住宅の床面積の一部を除去し，除去分と同じ面積を建築する工事
減築	既存住宅の床面積を減らす工事
改装	既存住宅の建築および住宅設備に関わる工事で，新築，増築，減築，改築のいずれにも該当しない工事：被覆の改修，内装の改変，設備の更新

二階建て住宅を平屋に

図10-3 減築の事例（出典：LIXILホームページ）

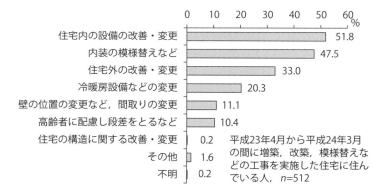

図10-4 リフォームの内容（政府統計データより筆者作成）

10.2.2 住まいの選択と住み継ぐしくみ

大きく住空間を改変する選択として,「住み替え」がある. 住み替える住まいは, 居住地の条件と, 住宅種別（持家・借家・給与住宅）や建て方（戸建住宅・集合住宅）の選択によって決まる（第2, 3章参照）.

a. 中古住宅

持家を取得する場合, 新築にこだわらず中古住宅を購入する選択がある. 欧米に比べて流通する中古住宅はまだ少なく, 持家取得全体の3%程度にすぎない[1]ものの, 中古住宅を購入した世帯への調査結果をみると（図10-5）, 新築住宅や新築マンションなどと比較検討した結果,「予算」が決め手となるほか,「間取りや設備, 広さが気に入った」「リフォームで快適に住める」ことを理由に中古住宅を選択している.

1) 平成24年度住宅市場動向調査

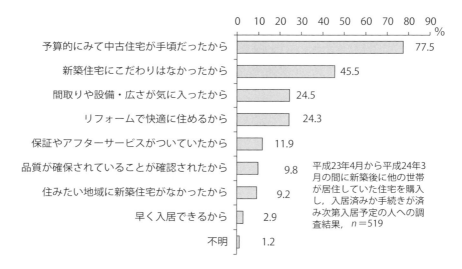

図10-5 中古住宅を選んだ理由（政府統計データより筆者作成）

図10-6 中古住宅リノベーションの例（出典：濱 惠介「わが家をエコ住宅に」学芸出版社, 2002）

購入後のリフォームを，中古住宅を素材として購入者の生活スタイルに応じた住まいづくりとする「リノベーション」[2]も注目される（図10-6）．いずれにしても中古住宅の価値を認め，生活に合った住空間を獲得していく1つの選択肢として，「住み替え」が定着していくことが望まれる．

[2) 柴田　建:「中古住宅のリノベーション／シェア／コンバージョンとコミュニティの再定義」，住宅，**61**(7)，4-18，2012

図10-7　住まいのカルテとその活用（出典：奈良県土木部住課ホームページ）

表10-3　住宅性能表示制度
（財団法人住宅性能評価・表示協会ホームページより筆者作成）

表示事項	表示内容	表示方法
地震などに対する強さ	耐震（躯体の倒壊・損傷防止），耐風，耐積雪	等級
	基礎や杭の支持力や形式など	数値や調査方法を表示
火災に対する安全性	感知警報装置（自住戸，他住戸※）	等級
	耐火等級（開口部・開口部以外・界壁・界床※）	等級
	避難安全対策※や脱出対策	形式，形状の区分を表示
柱や土台などの耐久性	劣化対策	等級
配管の清掃や補修のしやすさ	維持管理対策（専用配管，共用配管※）	等級
省エネへの対応	省エネルギー対策	等級
シックハウス対策・換気	ホルムアルデヒド対策	使用する建材の表記と等級
	換気対策	便所，浴室，台所の設備の表示
	室内空気中の化学物質の濃度	測定化学物質の名前と濃度の表示
光や視環境に関すること	単純開口率	居室の床面積に対する開口部の大きさの割合
	方位別開口比	東西南北の開口部の大きさの割合
遮音対策	重・軽量衝撃音対策※	等級および床スラブ厚や構造に関する数値
	透過損失（界壁※・開口部）	等級
高齢者や障がい者への配慮に関すること	高齢者等配慮対策（専用部分）	等級
	高齢者等配慮対策（共用部分※）	等級
防犯対策	開口部の侵入防止対策	階ごとに内容表示

※：一戸建住宅には適用されない事項

b. 住宅履歴情報—住まいのカルテ（図10-7）

住まいの維持管理や，生活状況に合わせた住空間の改変の履歴を記録することが，住まいを長く使い続ける上で重要である．同時にこのような住宅履歴情報によって，安心，納得して中古住宅が購入できるようになる．

c. 住宅性能表示制度

住宅履歴情報とならび，住まいの住み替え，選択を支える制度に，住宅性能表示制度がある．これは消費者が良質な住宅を安心して取得できるように制定された「住宅の品質確保の促進等に関する法律」（**品確法**，2000年施行）に基づくものである．表10-3に示す10分野について，第三者機関が評価する．住宅の良さはこれだけで計れるものではないが，住まいを選択する際の目安の1つにはなる．

品確法：他に「新築住宅の基本構造部分の瑕疵担保責任期間を10年間義務化」「トラブルを迅速に解決するための『指定住宅紛争処理機関』の整備」を含み，住宅性能表示制度と合わせて3本柱となっている．

10.3 生活財の管理

生活財の管理とは，生活に必要なモノの保有，使用，収納，整理，廃棄に関する対応である．収納スペースの確保やそのデザインなどの生活空間の管理とも関わる．

10.3.1 モノの保有と生活スタイル

日本の家庭のモノの多さの背景を整理すると，①和洋併立の生活様式，②四季に対応した暮らし，③贈答品，引き出物などの生活慣習，④高度経済成長期を通じて浸透した大量消費生活，⑤伝統的な「もったいない」価値観などがあげられる．

家庭のモノの保有量は，家族人数や住宅条件によって差があるが，さら

表10-4 収納に困るモノ

	集合住宅[1]	戸建住宅[2]
1. 衣類	64.4	42.2
2. 本	50.9	28.7
3. 寝具	27.6	28.3
4. 行事用品	6.7	7.6
5. 食品ストック	9.8	4.0
6. 日用品ストック	8.0	2.4
7. スポーツ用品	4.3	5.2
8. アウトドア用品	5.5	4.8
9. CD・DVD	18.4	10.8
10. 調度・しつらえ用品	4.9	3.6
11. 季節用品	1.8	2.0
12. ビン・缶（資源ごみ）	9.2	3.6
13. リサイクル品や処分保留のもの	16.6	12.4
14. その他	9.2	16.7
特にない	13.5	11.2
(n)	(163)	(244)

【複数回答】 単位：%

1) 京都市内公団分譲集合住宅を対象に行った調査（2011年）
2) 京都府宇治市の戸建住宅を対象に行った調査（2009年）

（出典：中村久美「集合住宅におけるモノの管理と収納様式の課題—生活管理の視点からみた収納様式に関する研究 第3報—日本家政学会誌，64(7), 361-371, 2013）

に家族の価値観や生活スタイルによっても大きく異なる．生活財のもち方の特徴は，客用品，予備用のストック，趣味用品，娯楽用品，装飾品などの保有の仕方に現れる[3]とされている．

3) 一棟宏子「生活財の収納と管理」，日本家政学会編「住まいのデザインと管理」朝倉書店，1990

10.3.2 モノの配置と収納

モノとそれに関わる生活行為，および対応するスペースの三要素の関係から，現代の住まいにおいて特に注目したい収納の課題についてみていく．

a. 更衣と衣類の収納場所

収納に困るモノの筆頭にあげられるのが衣類である（表10-4）．収納量の不足に加え，収納場所が更衣場所に対応していないことから生じる不都合もある．図10-8に示すように，個人的な行為である着替えは，必ずしも個室（寝室）でされるとは限らない．更衣の機会となる起床後や帰宅後の生活動線を考えると，いずれも居間やその周辺で着替える場合が少なくない．

衣類の収納は，個人の寝室にスペースを確保することが原則であり，日本の住宅にも寝室にクローゼットを造り付けることが定着してきている．ただし，家族の生活スタイルによっては，居間や食事室などの家族の生活拠点近くに衣類の収納スペースが確保されていると非常に便利で，居間や食事室内の衣類の散らかりを防ぐことができる場合がある．

b. 生活拠点となるリビングダイニングの収納

現代の住まいでは，家族の集まる空間がリビングとダイニングを結合したリビングダイニング（以下LD）の形式をとる住宅が多い．食事や団らんといった主要な家族生活が展開されることにともない，個人的行為を含めて多様な行為がLDで行われる．当然，行為に対応するモノがLDに持ち込まれる．なかでも本，雑誌，書類，パンフレット，郵便物やCD，DVDなどの情報に関するモノの処遇は，LDの収納の大きな課題である（図10-9）．

LDには相当量の収納スペースを確保したいところである．そのスペー

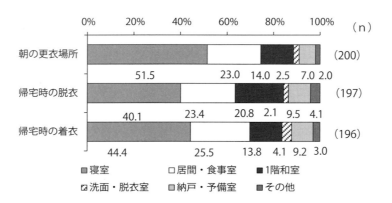

図10-8 朝と帰宅時の更衣場所（夫について）（今井範子「衣生活からみた住宅計画に関する研究」，1991科研費より筆者作成）

スは，多様なモノや情報を整理，管理できるよう，棚や引き出しなどを組み込んだ細やかなデザインが必要である（図10-10）．

c. 集中収納としての納戸

正月や節句，クリスマスなどの行事用品や扇風機やストーブなどの冷暖房器具などは，特定時期に出し入れするだけで年間を通じてほとんど収納しているモノである．このような出納頻度の低いモノの収納スペースとして，納戸が計画されることがある．納戸には上記のモノのほか，食品や日用品などの消耗品のストックや家事用具，寝具や衣類などをまとめて収納する場合がある．処分保留のモノや古新聞のようなリサイクルに出すモノ，さらには贈答品などの一時収納としても便利に使われる（表10-5）．

納戸は，モノを集中管理する収納拠点として活用できる．その計画では，収納するモノや使い方によって面積や住宅における位置を考慮する．

10.3.3　収納，管理のあり方

一昔前の日本では，夏の土用に，衣類や書籍などをかびや虫害から守る

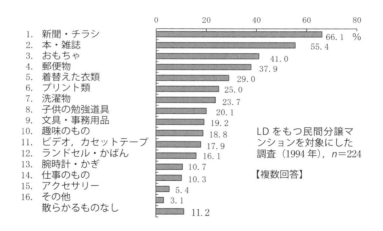

図10-9　LDに散らかるモノ
（出典：中村久美・今井範子「リビングダイニングの住生活における収納の問題」日本家政学会誌，53(1)，43-56，2002）

●居間の収納
窓際に設けたくの字型の棚板が電話台，書きもの机，オーディオラック，飾り棚を兼ねている．ソファも造り付けており，腰掛けの下は引出し式本の収納庫となっている．

図10-10　リビングダイニングの収納事例（出典：吉田桂二編「暮らしから描くキッチンと収納のつくり方」彰国社，1999）

表10-5 納戸の使い方と収納している品目

使い方	全体
1．季節外のものの管理	60.9
2．たまに使うものの収納	42.6
3．日常使用品の収納	15.7
4．食品，日用品のストック収納	11.3
5．贈答品などの一時収納	20.0
6．リサイクル品や資源ごみの一時置き場	3.5
7．更衣室としても使う衣裳部屋	32.2
8．不用品置き場	34.8
9．その他	6.1
n	115

＜不明のぞく＞

（出典：中村久美ほか「集中収納空間としての納戸の使用様態とその評価—生活管理の視点からみた収納様式に関する研究—」日本家政学会誌, 62(11), 709-720, 2011）

収納している品目	n	（％）
1．冷暖房器具	48	(39.0)
2．掃除機	23	(18.7)
3．衣類	74	(60.2)
4．行事用品	35	(28.5)
5．しつらえ・調度品	14	(11.4)
6．ふとん	28	(22.8)
7．座布団	10	(8.1)
8．スポーツ用品	18	(14.6)
9．アウトドア用品	10	(8.1)
10．日用品	15	(12.2)
11．食品	3	(2.4)
12．本	27	(22.0)
13．新聞・雑誌	8	(6.5)
14．スーツケース	33	(26.8)
15．大工道具	4	(3.3)
16．アイロン台	10	(8.1)
17．その他	10	(8.1)
不明	7	(5.7)

納戸を保有する世帯：$n=123$【複数回答】

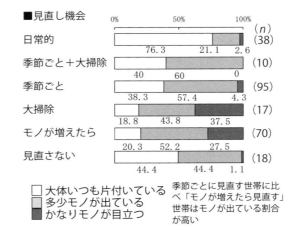

図10-11 持ち物の見直しと住宅内の様子（「京都市宇治市の戸建て住宅を対象に行った調査（2009年）」より筆者作成）

ため，日に干し風にさらす「虫干し」の習慣があった．年末の大掃除と合わせて，家にある生活財を点検，整理する格好の機会になっていたといえる．

大掃除の習慣さえ薄れる今日，モノの保有や使い方を振り返る機会をもたない家が少なくない．忙しい現代では，日常的に見直すことは望めないが，季節の変わり目など年に1，2度，「持ち物の見直し」を行うことは，モノの管理や気持ちよく住むための空間秩序の維持にとって必要である（図10-11）．

10.4　居住地の生活管理

住まいの外，居住地における生活管理の対象や主体，内容を表10-6に示す．

10.4.1　住み方のルール・マナー

　住民どうしが気持ちよく住むために，ルールを決めマナーを守って住む必要がある．ゴミ捨てや迷惑駐車，犬の糞などの害のほか，生活騒音やにおい，ほこり，視線（プライバシーの侵害）なども迷惑のもととなる．集合住宅では，とりわけ隣家や上下階との距離の近さから，深刻なトラブルに発展しかねない．公的団地では住まいのしおりなどを居住者に配布している（表10-7）．

10.4.2　居住地と関わる住み方

　住宅地の街並みの整備や地域施設の管理，さらには高齢者の見守りなどのあらゆる生活支援を行政任せにするわけにはいかない．また地震や台風など非常時の避難・救護の場面や被災生活にとって，地域住民の協力は欠かせない．表10-8に示すような居住地との関係を意識し，協力的な生活態度をもって暮らすことは，少子高齢社会において居住地の住みよさを維持するための大切な心がけや住み方といえる．

表10-6　居住地の生活管理

対象となる建物・空間	①個々の住まいとその建ち並び，②道路，③公園，集会所，小学校などの地域の生活，教育関連施設
管理の主体	①個人や世帯，②近隣住民，③自治会・町内会などの地域組織やグループ
生活管理の内容	①住み方のルールやマナー，②家並みや緑の整備，③防災，④防犯，⑤地域福祉，⑥地域施設管理，⑦まちづくりなど

表10-7　集合住宅団地の住み方のルール
（UR都市機構「住まいのしおり」より筆者作成）

項　目	補足内容
（1）動物の飼育に関して	小鳥や魚類は可．犬，猫，ハト，ニワトリなどは禁止
（2）住宅の転貸および用途外使用の禁止	
（3）無断駐車の禁止	
（4）火災予防・安全性確保	
（5）自動車の保有・有料駐車場の利用申し込み	保有自動車の駐車について
（6）屋外広告物の掲示	広告物やポスターの無断掲示の禁止
（7）専用庭の使用	手入れの奨励，無断造作や設備の禁止
（8）ゴミの処理	ゴミ出しのルール
（9）自転車置き場の利用について	
（10）集会所の利用と管理	
（11）広場・プレイロット・遊戯施設の利用について	
（12）芝生の管理	ゴルフ練習や野球の禁止
（13）給排水施設・電気施設等	
（14）その他	住宅調査への協力など

10.4.3 居住地の人間関係,組織との関係

地域の人間関係や組織との関係は,居住地の生活管理の基礎ともいえる.このうち自治会・町内会は,個人ではなく世帯単位で加入する.従来は自動加入であったが,最近は加入しない新規住民も増えている.①親睦,②共同防衛(安全・安心),③環境整備,④福祉,⑤行政補完の機能を担う.

包括的に活動する町内会とは異なり,特定目的のもとに住民が協力し合う地域組織がある.自主防災組織や公園愛護協力会,まちづくり協議会などがそれにあたる.ほどほどの近所付き合いが好まれる現代では,従来の町内会のように交流や親睦を掲げず,あくまで居住地で安定的に住み続けるために,特定目的のもとに住民が集まり協力し合う,このような組織づくりが受け入れられやすいといえる(図10-12).

表10-8 居住地に住む上での生活態度や心がけていること
(「京都府宇治市の郊外住宅地を対象にした住み方調査(2012年)」より筆者作成)

居住地と関わる住生活の側面	居住地に住む上で求められる生活態度	%
①街並みを考えた住まいの運営	1.町並みや通りの景観に調和するよう自宅外観を整えたい	60.5
②緑化や緑の育成・保全	2.庭の緑を豊かにして地域の環境形成に寄与したい	57.4
③ゴミの分別,減量化,リサイクルへの協力	3.ゴミの減量に努めている	67.2
	4.リサイクルやゴミの分別のルールはきっちり守るようにしている	92.8
④地域防災の取り組みへの参画,協力	5.災害時には地域組織に協力する心づもりがある	76.5
	6.地域の防災訓練などにはできるだけ参加するようにしている	24.4
⑤地域防犯の取り組みへの参画,協力	7.空き巣やひったくりの被害情報などは近隣どうしで注意しあっている	46.8
	8.防犯のため門灯や道路からみえる部屋の灯りは深夜までつけるようにしている	61.7
⑥地域施設の運営,管理への参画	9.身近な街区公園は地域で大事に運営,管理していきたい	41.9
⑦高齢者や子ども,子育て世帯への支援	10.高齢者の一人住まいや障がいをもつ家族のいる家を気に掛けるようにしている	30.5
	11.できる範囲で子育て世帯の支援をしてあげたい	19.7
⑧地域の小学校の運営や子どもの教育活動への協力	12.危険な遊びやマナー違反など,子どもの問題を目にしたら注意するようにしている	32.0
	13.地域の小学校の行事や活動に関心をもっている	14.0
	14.小学生の登下校や幼児の遊びを見守るよう心掛けている	21.4

n = 472【複数回答】

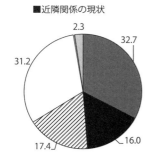
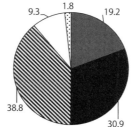

図10-12 阪神・淡路大震災の被災地域における,震災1年半後の時点での近隣関係に対する意識
(中村久美・今井範子「阪神・淡路大震災被災地域の公団住宅における住生活上の諸課題(第4報)非常時を考慮した近隣関係・組織のあり方」日本家政学会誌,50(6),611-620,1999より筆者作成)

11. 住まいの安全と健康　　　　　　　　　[齋藤功子]

11.1 住まいは安全か

　住まいは家族の安全と健康を守る器である．しかし，住まいが健康で安全であると思い込むのは誤りである．図11-1に示すように，不慮の事故による死亡者は，交通事故よりも家庭内事故の方が多い．65歳以上の高齢者では，家庭内事故による死亡者は交通事故の4倍程度であり，4歳未満の乳幼児では交通事故の3倍近くが家庭内事故で亡くなっている．

　住まいのなかで過ごす時間の長い高齢者と子どもにとって，安全で健康的な住まいとはどういうものであろうか．高齢者と住まいに関しては第8章で述べているので，ここでは主に子どもと住まいについて学びたい．

11.1.1 乳児の家庭内事故

　乳児（1歳未満）の家庭内事故では，不慮の窒息による死亡が突出している．まだ首のすわらない生後2～3ヶ月ぐらいまでは，柔らかすぎる寝具では顔が埋まってしまう危険がある．また，顔の上に異物が乗っても払いのけることができないため，ビニール袋などは危険であり，周辺に置かないよう気をつけるべきである．ハイハイができるような月齢になると，乳児といっても行動範囲が広がる．この頃の乳児の視線は，大人とは異な

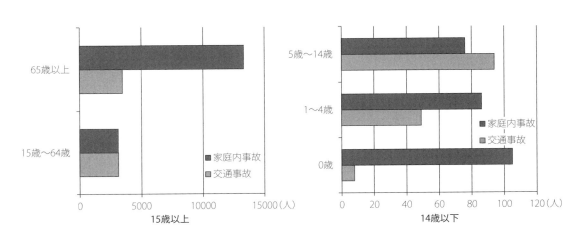

図11-1　年齢別不慮の事故による死亡者数（「平成23年人口動態統計」より筆者作成）

2011年度の不慮の事故による死亡者では，東日本大震災による死亡者が多数である．これらの方々は，地震による受傷者に分類され，発生の場所別では詳細不明の場所に分類されている．
数年前までは交通事故による死亡者はもっと多数であったが，シートベルト着用とチャイルドシート設置の義務化により減少している．

図11-2 子どもの視線でみてみよう（イラスト作成：沖 粧子）

表11-1 子どもの家庭内事故死
（「平成23年人口動態統計」より筆者作成）

死因	0歳	1～4歳	5～14歳
総数	105人	86人	76人
溺死	7人	18人	11人
	6.7%	20.9%	27.8%
窒息死	87人	19人	9人
	82.9%	22.1%	23.3%
転倒・転落	2人	9人	8人
	1.9%	10.5%	20.8%

り床面近くの低いものであるため，同じ視線になって床面の清潔さと安全確保に努めること，特に，小さなボタンや硬貨，タバコやその吸い殻など，誤飲につながりそうな物を除去することが大切である（図11-2）．

11.1.2 幼児の家庭内事故

幼児（1～4歳）になると，行動範囲は格段に広がる．この時期に多い家庭内事故は溺死，溺水であり（表11-1），浴槽や洗濯機などに誤って転落する事故が考えられる．幼児の体型は頭が大きく重いので，のぞき込んでいるうちに頭がおもりの役目となって転落しやすい．勝手に浴室に入れない工夫をするなどの対策が必要である．同様に，窓やベランダからの転落事故も幼児に多い事故である．窓枠やベランダの柵の安全性を確認することや，窓近くやベランダに踏み台となるようなものを置かないようにすることなど，生活上の配慮が望まれる．

11.2 犯罪から家族を守る住まい

犯罪にもいろいろな種類があるが，ここでは主に窃盗などの犯罪に強い住まいについて述べる．住まいへの侵入犯罪は，一戸建て，集合住宅ともに窓からの侵入が第1位，玄関からの侵入が第2位である．警視庁は防犯対策として表11-2のように啓発している．

犯罪の中でも窃盗や性犯罪などは，場所や時間が犯罪を誘発するといわれている．言い換えれば，犯罪を誘発しにくい環境が作れるということになる．小宮信夫[1]によると，安全な空間とは監視性と領域性に優れた計画のことであり，プラス抵抗性が加わればさらに良い．監視性とは死角を作らず見通せることであり，また領域性とは，ハード面における区画性とソフト面における当事者意識に分けることができる．区画性とは入りにくい空間のことである．入りやすい空間は逃げやすい空間でもあり，犯罪者はそのような空間を選択するという．例えば道路のガードレールは，歩行者

1) 小宮信夫「犯罪は「この場所」で起こる」光文社新書，2005．

11.3 健康的な住まい

表11-2 空き巣の防犯対策
(出典:警視庁ホームページ　http://www.keishicho.metro.tokyo.jp/seian/ppiking/akisu.htm)

```
■ドアの防犯対策
 ・ピッキングに強いシリンダーに
 ・サムターン回し対策を
 ・補助錠の設置を
■窓の防犯対策
 ・補助錠の設置を
 ・破壊に強いガラスに
■さらに
 ・センサーライトや警報ブザーの設置を
 ・施錠を確実に
 ・合い鍵を置いておかない
 ・足場になるものは片付ける
 ・新聞をためない
```

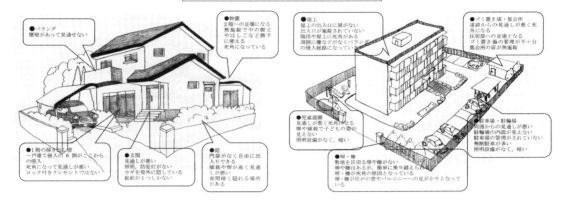

図11-3　防犯上のチェックポイント(一戸建て)
(警察庁「住まいる防犯110番」より筆者作成)

図11-4　防犯上のチェックポイント(マンション)
(警察庁「住まいる防犯110番」より筆者作成)

にとってバイクなどによるひったくりを抑制するバリアとなる．ソフト面の当事者意識とは縄張り意識のことであり，不審者を特定することにつながる．当事者意識の強い地域は，そもそも犯罪者を遠ざけることができる．そして抵抗性とは，ワンドア・ツーロックや防犯ブザーなど，犯行の直前で犯罪を防ぐ力のことである．これらを総合的に用い，安全な住まい，安全なまちづくりにつなげていきたい(図11-3，11-4)．

11.3　健康的な住まい

11.3.1　ダニ

　住まいのなかに生息する代表的なダニには，チリダニ・コナダニ・ツメダニなど約100種類がいる．ツメダニは人の皮膚を刺すが，すべてのダニが人を刺すわけではなく，刺されないからわが家にダニはいないと思うのは間違いである．現在，住まいに最も多くみられるダニは，チリダニの一種であるヒョウヒダニである．図11-5，11-6に示したように，ダニの生息に好条件な環境は，人間の暮らしの環境と重なる．住まいからダニを完全になくすことは無理といえる．しかし，現代の住まいと私たちの住ま

方は，ともすればダニの大量発生を招きかねない．ヒョウヒダニは，その死骸やフンが鼻炎やぜんそく，アトピーなどのアレルギー疾患を引き起こすアレルゲンとなる．ダニの発生を防ぐ住まい方の工夫が必要である．

11.3.2 カビ

ダニと同様にカビにとっても，現代の住まいは好都合な環境といえる．かつての開放的なわが国の伝統的な住まいに比べ，気密性の高い住まいの増加を背景として，格段にカビが増殖している．カビが原因となる病気には，①アレルギー，②感染症，③中毒症があり，人の健康に影響を与える．また，カビをエサにするダニもいることから，カビの発生はダニの発生につながる．日本人の3人に1人が何らかのアレルギーをもっているといわれる現在，ダニやカビの特性を知り，対策を講じることが大切である．

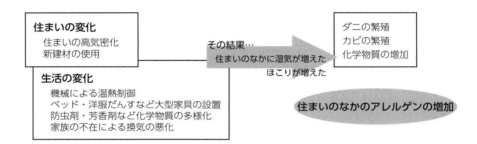

図11-5 住まいと生活の変化から

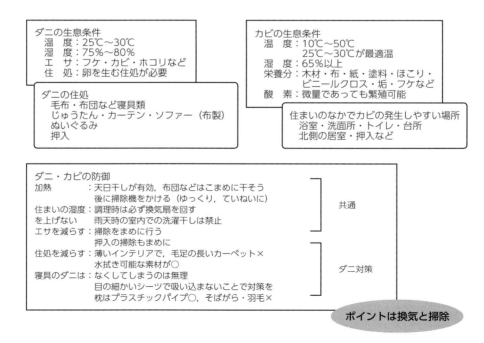

図11-6 ダニ・カビの特性と対策

11.3.3 シックハウス症候群

　新築間もない住まいに移転した場合など，主に建築資材に含まれる化学物質によって発症する**化学物質過敏症**を，シックハウス症候群（第12章参照）という．化学物質過敏症は，体内に入る化学物質に過剰に反応するアレルギー疾患である（表11-3）．

　近年，建材や内装材は，化学物質を含む原材料を製品化したもの，いわゆる新建材が圧倒的に多い．例えば，住まいの壁面仕上げでは新築住宅の90％以上はビニールクロス仕上げである．クロスという名前なので布製かと思うかもしれないが，原材料はポリ塩化ビニルであり，可塑剤（柔らかくする化学物質）や難燃剤など，製造過程で大量の化学物質が混入される．火災時には大量のダイオキシンの発生を招く．ビニールクロスが大量に使用されるのは，安価であるからである．また，伝統的床材である畳，畳床は本来ワラでつくられる．素材に一部でもワラを使った畳床は，JIS（日本工業規格）で①加熱処理，②真空殺虫処理，③防虫紙で包むなどの防虫処理が義務づけられている．伝統的には①の加熱処理が行われていたが，有機リン系殺虫剤をしみ込ませた防虫紙で包む畳の方が安価で流通している．このように壁面や床面など，人間が直接的に接する建築材に化学物質が大量に含まれている．

　住まいのなかの化学物質として代表的なホルムアルデヒドは，新築間もない住宅内では外部の7～8倍程度測定されるとの報告がある．そのため，住まいで過ごす時間の長い子どもや主婦，高齢者にシックハウス症候群の患者が多くみられる．治療法としては，原因物質の除去，栄養補給，運動の推進などがあげられているが，まだ完全には確立しておらず，発症すると社会的生活の維持が困難になる場合も多く，発症しないよう予防す

室内で量が多く問題となる化学物質：①ホルムアルデヒド／合板・接着剤・防黴剤など，②トルエン・キシレン（VOC）／難燃剤・可塑剤（ビニールクロス）・畳の防虫剤・シロアリ駆除剤など（VOC：揮発性有機化合物，12.5節参照）

表11-3　化学物質過敏症の症状
（出典：宮田幹夫「シックハウス症候群」化学物質と環境，34号，1-3，1999）

自律神経障害	発汗異常，手足の冷え，易疲労性
精神障害	不眠，不安，うつ状態，不定愁訴
末梢神経障害	運動障害，四肢末端の知覚異常
気道障害	喉の痛み，乾き
消化器障害	下痢，便秘，悪心
眼科的障害	結膜の刺激症状
循環器障害	心悸亢進
免疫障害	皮膚炎，ぜん息，自己免疫疾患

表11-4　シックハウス症候群の防御の方法

建築時には	比較的安心な建材・内装材を使用する
入居前には	換気をしながら，室内温度を35℃くらいに上げて24時間放置する操作を何回か繰り返す（ベイクアウト）
日常的には	換気をこまめに 空気清浄機の使用 VOC吸着板を室内に設置する

ることが最も重要である（表11-4）．

　アレルギー疾患は，その人にとってアレルゲンとなる物質をとりすぎることにより，ある日突然発症する．遺伝的な要素もあるが，近年のアレルギー患者の増加には生活の変化による要素が強く関与しており，発症する前の対策を講じることが必要であろう．

12. 住まいの快適性　　　　　　［光田　恵］

12.1　室内環境の要素

　快適な室内環境を形成するために考えなければならない環境要素として，「熱」「空気」「光」「音」がある．これらの要素と「空間」は相互に影響し合っている．快適な室内環境とは，各要素が健康や安全面から決められた基準値を満たしていることはもちろんのこと，その空間で過ごす人の心理面からも良好な評価が得られなければならない．環境要素を物理化学面と心理面の両者からとらえる必要がある（図12-1）．

12.2　熱環境

12.2.1　住宅の省エネルギー基準

　室内環境は建物と設備によって作り出され，省エネルギーにも配慮した性能が求められる．2013（平成25）年，住宅の**省エネルギー基準**に，建物全体の省エネルギー性能を評価する「**一次エネルギー消費量**」基準が加わった（図12-2）．

> 省エネルギー基準：これまでの基準は，建物外皮の断熱性能のみを指標としていた．
>
> 一次エネルギー：化石燃料，原子力燃料，水力，太陽光などの自然から得られるエネルギーを指す．

図12-1　室内環境要素と快適性の評価

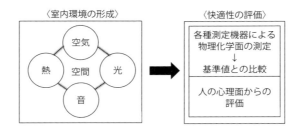

図12-2　住宅の一次エネルギー消費量の考え方

12.2.2　熱環境の6要素

　暑くも寒くもなく，熱的に不快がない環境を作るためには，「室温」「相対湿度」「放射温度」「気流」の4つの物理的要素と，人の「着衣量」と「代謝量（活動量）」の人体側の2つの要素に気をつけなければならない．室温が同じであっても，相対湿度が違うと感じる暑さが異なり，気流が速くなるほど寒く感じる．放射温度は，室温よりも高いと暑さを感じ，低いと涼しさを感じる．代謝量は身体から発生する熱量のことであり，運動をしているときには，室温が低くても寒さを感じにくい．服を着込むほど皮膚表面から熱量が逃げにくくなり，皮膚表面の温度が上がり，暖かく感じる．このように，暑さ寒さの感覚には6要素が関係している（図12-3）．

12.2.3　着衣量と活動量の単位

　着衣量の単位であるclo値（クロ値）は，冬のスーツが約1clo，日常生活では0～2cloの範囲内であり，服を着込むほど大きい値をとる．metは代謝量の単位であり，椅子に腰かけた状態の単位面積当たりの代謝量（$58.2 W/m^2$）が1metである（表12-1）．

12.2.4　体温調節機能

　人は血流量を変化させ，身体からの放熱量をコントロールし，深部体温を一定に保っている．暑くなると発汗を促し，汗の気化熱により体温を下げようとし，寒くなると震えが生じ，身体を温めようとする．

12.2.5　熱環境の快適性の数値化

　熱環境の快適性に関係する6要素をまとめた快適性の指標として，**PMV**（predicted mean vote：予測平均温冷感申告）および**PPD**（predicted percentage of dissatisfied：予測不快者率，その熱環境に不満足と感じる人の割合）を提案した．PMVは快適さを「＋3（暑い）」から「－3（寒い）」までの7段階で表したもので，1994年にISO規格（ISO 7730）にもなっている．PMVとPPDの関係は図12-4に示すとおりであり，ISOではPMVが±0.5以内，不快者率10％以下となるような環境を推奨している．

熱環境の要素：①湿度の表し方に，一般的に用いられる相対湿度（ある温度における飽和水蒸気量に対するそのときの空気中の水蒸気量の比率（％））と絶対湿度（湿り空気中の乾き空気1kgに対する水蒸気の重量割合（kg/kg））がある．②放射熱とは，壁，天井，床，家具などから伝わる熱のことである．

PMV, PPD：デンマーク工科大学のP. O. Fangerが，1967年に1,300名の被験者実験から快適方程式を発表し，これを出発点として人体の熱負荷と温冷感を結びつけて提案した指標である．

図12-3　熱環境の快適性に影響する6要素

表12-1　活動内容と代謝量

活動内容	met値
安静時	0.7
椅子に腰かけた状態	1.0
事務作業	1.2
歩行時	2.6
運動時	3.8

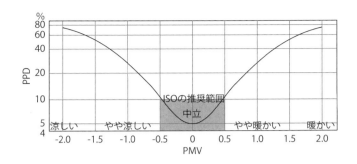

図12-4　PMVとPPDの関係

12.3　音環境

12.3.1　音の三要素

音の性質を決める基本的な要因は，「**大きさ**（強さ：dB（デシベル））」「**高さ**（**周波数**：Hz（ヘルツ））」「**音色**（音の快・不快）」である．

12.3.2　生活環境中の音

騒音とは，不快と感じ，取り除きたい音を指し，市街地での騒音の大きさは60dB以上が多い．地下鉄の車内が90dB，交通量の多い道路が80dB，普通の会話は60dBとされている．一般的に，室内で快適な暮らしができる騒音の許容値は，40dB以下といわれている．

12.3.3　音の伝わり方

音には空気中を伝わる「空気音」と，足音や物の落下音，電車や自動車の振動音など床や壁を振動させて伝わる「固体音」の2種類がある．

12.3.4　騒音対策

騒音対策として，空気中を伝搬してきた音が室内に侵入しないように遮音することが重要である．住宅において騒音を遮断する能力が求められるのは，「外壁」「開口部・窓」「内壁」「床」である．空気音の遮断能力を遮音性能と呼び，D値で表す．遮音性能は，音源からの音を壁などの遮へい物を隔てて聞いたときにどのくらい小さくなるかで表す．遮へい物の密度が高いほど，また厚みが厚いほど遮音性能が優れている．集合住宅などでは上階の**衝撃音**が下階で聞こえることがあるが，固体音を遮断する能力を衝撃音性能と呼び，L値で表す．開口部の遮音性能として，サッシの遮音性能T値がある．サッシの種類および構造，また使用するガラスによってサッシの遮音性能が異なるため，用途に応じたサッシを選ぶ必要がある（図12-5，表12-2）．いずれも，等級の数字が大きいほど音の低減性能が優れている．

周波数：人間の耳に聞こえる周波数の範囲は，約20Hz〜20kHzまでとされる．

音の反射・吸収・透過：音は遮へい物に当たると，一部ははね返され（反射），一部は遮へい物のなかで失われ（吸収），それ以外が通り抜ける（透過）．

衝撃音：子どもが飛び跳ねたり，走り回ったりしたときに発生する衝撃音を重量衝撃音，物が落下したときや椅子をひきずるときに発生する衝撃音を軽量衝撃音といい，それぞれに床の遮音性能がある．重量衝撃音性能をLH等級で表示し，軽量衝撃音性能をLL等級で表示する．

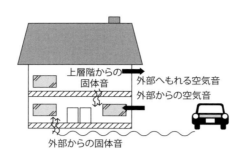

図12-5　音の伝わり方と騒音対策の必要な部位

表12-2　日本建築学会の適用等級―集合住宅の居室を用途として―

部位		特級（特別仕様）	1級（標準）	2級（許容）	3級（最低）
隣戸間界壁		D-55	D-50	D-45	D-40
部位	衝撃源	特級（特別仕様）	1級（推奨）	2級（標準）	3級（許容）
隣戸間界床	重量衝撃源	L-45	L-50	L-55	※L-60・65
	軽量衝撃源	L-40	L-45	L-55	L-60

※木造，軽量鉄骨造またはこれに類する構造の集合住宅に適用する．

12.3.5　音響特性

音源が音を停止した後も響いて聞こえる現象を残響というが，残響時間（室内の音のエネルギーが，音源が鳴っているときの100万分の1に減衰するまでに要する時間）が長すぎると，会話のときなどにも音声の明瞭度を損なうことがある．固い内装材で仕上げられた室内では吸音不足となりやすく，残響時間が長くなりすぎるだけでなく，騒音レベルが高くなり，著しい問題を生じる場合がある．室内で発生する騒音による室内騒音レベルを低減するには，適当な吸音処理が必要である．

12.4　光環境

12.4.1　窓の機能

窓は，日当たり，採光，風通しと関係し，物理的に環境を制御する機能がある．現代においては，日当たりは冷暖房設備，採光は人工照明設備，風通しは機械換気設備などで代用することがある程度は可能になってきているが，窓には眺め，開放感，やすらぎなど心理的・社会的な要素を取り入れるという機能もあり，窓は住宅においてなくてはならないものである．窓の面積を大きくすれば，日当たり，採光の量が増え，風通しが良くなるが，冷暖房のエネルギーや外部からの騒音の進入も増やすという問題点が生じる可能性がある．また，窓が大きくなりすぎると，プライバシーの確保が難しくなる場合があることにも留意が必要である．

12.4.2 照度基準

　室内では，昼光照明と人工照明を組み合わせて必要な明るさを確保する必要があるが，建物の用途や作業内容によって，照度基準が設けられている．日本工業規格（JIS）によって，住宅では部屋別に照度基準が定められている（図12-6）．照明には，部屋全体を照らす全般照明と，より明るい光が必要なところを部分的に照らす局部照明がある．図12-6は，全般照明と活動内容ごとの局部照明を合わせて示している．

12.5 空気環境

12.5.1 室内の空気汚染物質

　室内の空気汚染物質は，ガス状物質と粒子状物質に分類される（図12-7）．

　一般的に，さまざまな汚染物質による室内の空気の汚れ具合と二酸化炭素濃度が比例関係にあるとして，二酸化炭素濃度に基づいて室内空気質の良し悪しが判断されている．また，刺激のように空気の汚れを知覚できる空気の質を表す言葉として，知覚空気質が使われている．この対象となる汚染物質としては，ホルムアルデヒド，VOC，においなどがある．

12.5.2 シックハウス症候群

　新築などの住宅内での室内空気汚染に由来するさまざまな健康障害を総称して，シックハウス症候群と呼ぶ．新築，改築直後の住宅において，高気密・高断熱化が進み，化学物質を多く含む新建材が多用され，揮発性化学物質などが原因で，目の刺激，咽喉の乾燥感，頭痛，皮膚刺激，息切

> **照明**：照明の目的は，視対象を見やすくするための照明（明視照明）と，雰囲気を作るための照明（雰囲気照明）に分けられる．明視照明では，明るさの分布はある程度均一であることが望ましい．

> **VOC**（volatile organic compounds：揮発性有機化合物）：常温常圧で大気中に揮発する有機化合物の総称であり，沸点が50-100℃〜240-260℃の物質と定義されている．また一般的にTVOCとは，個々のVOCの総計を指す．

> **シックビルディング症候群**：シックハウス症候群のように，建物内の空気質が原因で体調不良が引き起こされた事例として，1980年代の初め頃から，欧米各地のいわゆる省エネビルにおいて，体調不良の訴えが相次いだシックビルディング症候群がある．主な原因は，オイルショックのため建築物の省エネルギー化による換気不足であった．室内の空気質と人との関わりにおいて新たな問題を提起した．

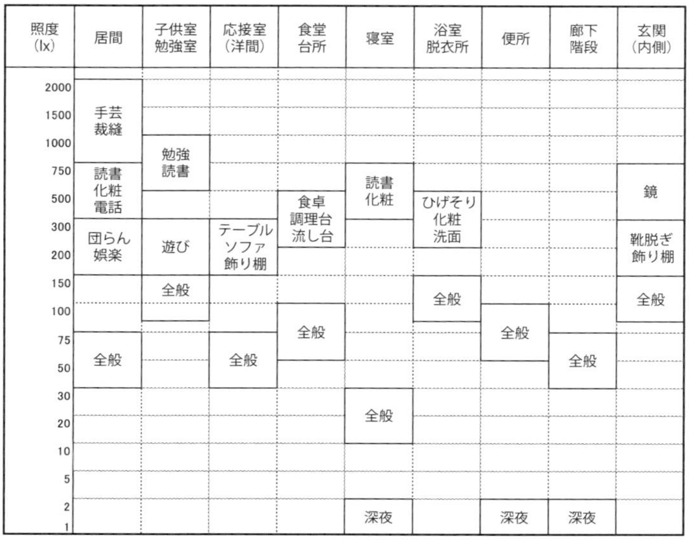

照度 (lx)	居間	子供室 勉強室	応接室 (洋間)	食堂 台所	寝室	浴室 脱衣所	便所	廊下 階段	玄関 (内側)
2000 1500 1000	手芸 裁縫								
750 500	読書 化粧 電話	勉強 読書		食卓 調理台 流し台	読書 化粧	ひげそり 化粧 洗面			鏡
300 200	団らん 娯楽	遊び	テーブル ソファ 飾り棚						靴脱ぎ 飾り棚
150 100		全般			全般				全般
75 50	全般		全般	全般			全般	全般	
30 20					全般				
10 5									
2 1					深夜	深夜	深夜		

図12-6　住宅内の照度（JIS Z 9110-1979より抜粋）

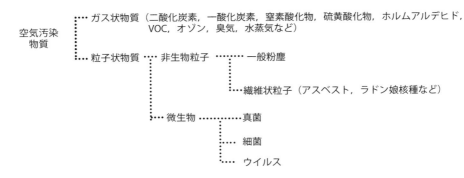

図12-7　室内空気汚染物質の分類

れ，めまい，咳，吐き気など体調への悪影響が出ることがあり，大きな社会問題となった．対策として建築基準法が改正され，建材から揮発する化学物質の低減（内装仕上げの制限），住宅の換気量確保（換気設備設置の義務付け）がなされた．法改正の対象物質はホルムアルデヒドとクロルピリホスであったが，実際には，じゅうたん，家具，生活用品などから揮発する化学物質，ダニやカビなど，さまざまな原因によって室内空気質が汚染されていることに留意して，対策を行う必要がある．

12.5.3　室内空気環境基準

空気汚染物質の基準濃度や許容濃度として，目的に応じてさまざまな値が提示されている．一般の室内環境における汚染物質の許容濃度としては，建築基準法や建築物における衛生的環境の確保に関する法律（ビル管法）で定められており，長期間暴露されても健康上問題のないレベルに設定されている．定められている物質と濃度は，二酸化炭素1,000ppm，一酸化炭素10ppm，浮遊粉塵0.15mg/m³，ホルムアルデヒド0.1mg/m³（25℃のとき0.08ppm）である．労働環境においては，8時間労働で定期的に健康診断を受けることを前提に，一般の環境より高く許容濃度が示されている．

12.5.4　室内の空気浄化策

室内の空気浄化策のポイントは次の4点である（図12-8）．
①室内へ発生源を持ち込まないようにする．例えば，化学物質の放散量の多い家具，設備などを持ち込まないようにする．
②住まい方などによって，汚染質の発生を抑えることができる場合がある．例えば，ダニアレルゲン，カビなどは室内の温度，湿度の制御，清掃によってある程度発生を防ぐことができる．
③汚染物質を吸着させて取り除く物理的な方法，変質させ無害化させる化学的方法がある．製品では，空気清浄機，消・脱臭剤などがあり，対象の汚染物質の特性を把握し，適切に用いる．

室内濃度指針値：厚生労働省では，シックハウス症候群の原因と考えられる化学物質について室内濃度指針値（現時点で入手可能な毒性に関わる科学的知見から，ヒトがその濃度の空気を一生涯にわたって摂取しても健康への有害な影響は受けないであろうと判断される値を算出したもの）を示しており，総揮発性有機化合物（TVOC）の暫定目標値を400μg/m³としている．

ppm（parts per million）：全体を100万として割合を示す単位であり，空気汚染物質，食品添加物などの濃度としてよく用いられる．割合を示す単位としてよく使われるものに％があるが，％は全体を100として割合を示しているため，1％＝10,000ppmの関係にある．

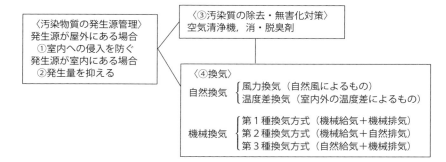

図12-8　室内の空気浄化策の考え方

④ **換気**は外気の汚染物質の濃度が室内よりも低濃度である場合に有効であり，いずれの汚染物質にも対応でき，複数の汚染質に同時に対応できる実用性の高い対策である．

換気方式：室全体の空気を入れ替える全般換気（希釈換気）と，発生源付近から直接汚染物質を排除する局所換気がある．また，換気の圧力差を何によって得るかで，自然換気と機械換気に分けられる．一般的に，住宅には第3種換気方式が用いられる．

13. 色の知識　　　　　　　　　　　　　　　　　　　　　　　　　　　　　　　　[宮川博恵]

　人がものの状況を判断する感覚（視覚・嗅覚・聴覚・触覚・味覚）のなかで，視覚から得られる情報は80%以上と圧倒的に多く，特に色は重要な情報源である．古くは古代ヨーロッパの哲学者たちにより色の本質に対する追求が始まるが，その後さまざまな領域の研究者たちにより色や光の解明が進み，現在では多様な色合いや配色技法を駆使して，その時代の流行を生み出すツールとして積極的に「色」が用いられる．ここでは，色彩文化の概略や色の基礎知識，インテリアと色について学ぶ．

13.1　色と文化

13.1.1　ヨーロッパの色彩文化

　BC4世紀頃には，古代ギリシャでプラトンやアリストテレスら哲学者たちが色彩について論じたといわれる．人類が使用した最も古い着色材料は，生活に身近な土・石・木炭などを砕いて得られた顔料とされ，旧石器時代の洞窟壁画にみることができる（表13-1）．

　中世ヨーロッパでは，人工的に色を作り出すことは神への冒涜行為であるという風潮から混色が避けられ，これが天然の染料・顔料の発見や開発へとつながった．ルネッサンス期はレオナルド・ダ・ヴィンチやラファエロなどの巨匠たちが活躍した時代だが，この時期には**空気遠近法**や**キアロスクーロ**が誕生したとともに，油絵具も出現し，混色による写実的な表現が可能になったといわれる．

　17世紀になると，光の性質を化学的に探求しようとする光学研究が進む．1666年，ニュートンがスペクトルを発見し，無色と思われていた光は，実はいくつもの色の光の合成により得られることを明らかにした．

　19世紀に入ると，シュヴルール，ヘリングらが今日も知られる代表的な色彩論を発表し，色の組み合わせ方や配色による効果などの検討が進む（表13-2）．1856年に合成化学染料モーブが偶然発見されたことをきっか

空気遠近法：遠景のものほど対象は青味を帯びて見える．また，輪郭線が不明瞭になり，対象物はかすんで見える．
　空気遠近法では，遠景のものの形をぼかして描いたり，色彩を大気の色に近づけるなどして，空間の奥行きを表現する．
キアロスクーロ：色の明暗や濃淡の違いで奥行や立体感を表現する技法のこと．

表13-1　自然界からとれる色

色名	特徴
マラカイトグリーン	天然緑青の孔雀石からつくられる緑色の鉱物性顔料
サップグリーン	クロウメモドキの実からつくられる緑色の植物性染料
コチニール	サボテンにつく虫からとれる赤色の動物性染料

表13-2　シュヴルールの色彩調和論

フランスの化学者であったシュヴルールは，王室ゴブラン織りの工場監督官に任命された．染色された織物の色の組み合わせを研究するうちに，隣接した色が互いに影響しあい，色の見え方が変化して感じられることを発見した．「類似色の調和」，「対比の調和」に大別されるシュヴルールの色彩調和論は，同時対比の法則として現在でもよく知られる．

けに合成染料・顔料の種類が著しく増え，着色材料のほとんどが合成化学製品に置き換えられた．これらを整理するためにも色名の語彙が飛躍的に増加した．

20世紀には現在でもよく使用されるマンセル表色系など，色を知覚的等間隔に分類できるような色の表示方法が誕生した．

13.1.2　日本の色彩文化

日本では飛鳥・奈良時代に，聖徳太子が制定したとされる冠位十二階（表13-3）により宮廷での身分や地位を表すために色が用いられた（位色(いしき)）ことが知られている．冠の色は紫・青・赤・黄・白・黒の6色で，さらにその濃淡で区別された．紫が最高位色で，自分の身分より高位の色は使用が許されていなかった（**禁色(きんじき)**）．

この頃は着色材料の多くが植物染料であったため，さまざまな色を得るために重ね染めによる混色が行われた．混色を避ける傾向にあったヨーロッパでは，混色によって得られる2次色の緑・紫やオレンジに対する評価が低めであるのに対し，日本ではむしろ尊重されていた．世界的にみると，皇帝など国家権力者を象徴する色は原色が多く，日本のように2次色を高位の象徴色とするのは珍しい．

平安時代では，女官の十二単の表裏色の組み合わせである重ねの色目（**襲(かさね)の色目**）が知られる．その組み合わせにより季節感や美しさを競ったため，この時代に数々の優美な色名が誕生した．

日本の伝統色名とされる色名のほとんどは花や草木などの植物を由来にしているが，これは四季のある日本では，四季折々の草花の色が季節感の表現に欠かせなかったためである．

江戸時代になると，**奢侈禁止令(しゃしきんしれい)**により，町人たちは紫や紅色などの華やかな色を制限されたため，茶色や鼠色などの色合いを「粋」であるとして楽しんだ（表13-4）．

禁色：天皇の正式袍（せいしきほう）である黄櫨染（こうろぜん）や皇太子の礼服の色，黄丹（おうに）が代表的．

襲の色目：1枚の絹の表裏をいう場合は「重ねの色目」，十二単の多彩な配色を「襲の色目」と呼び，区別した．

奢侈禁止令：庶民の贅沢を禁じた法のこと．

表13-3　冠位十二階

	冠位	冠の色
1	大徳（だいとく）	濃紫（こきむらさき）
2	小徳（しょうとく）	淡紫（うすむらさき）
3	大仁（だいにん）	濃青（こきあお）
4	小仁（しょうにん）	淡青（うすあお）
5	大礼（だいらい）	濃赤（こきあか）
6	小礼（しょうらい）	淡赤（うすあか）
7	大信（だいしん）	濃黄（こきき）
8	小信（しょうしん）	淡黄（うすき）
9	大義（だいぎ）	濃白（こきしろ）
10	小義（しょうぎ）	淡白（うすしろ）
11	大智（だいち）	濃黒（こきくろ）
12	小智（しょうち）	淡黒（うすくろ）

表13-4　四十八茶百鼠(しじゅうはっちゃひゃくねず)

当時，庶民に着用が許された色は茶色・鼠色（灰色）・藍色であった．実際には茶色にも鼠色にも100以上の色があり，48種類の茶色と100種類の鼠色という意味ではなく，たくさんのバリエーションがあったことを示す意味としてこの言葉が用いられている．
茶系と鼠色系は特に展開色が多く，茶系では「団十郎茶」「璃寛茶(りかんちゃ)」のように当時の歌舞伎役者名に由来する色名もみられる．
藍色は，いわゆる深みのある紺色「藍」から，「水浅葱(みずあさぎ)」のような薄い青色まで幅広く展開された．
茶は，植物のもつ渋み成分（タンニン）から，鼠はタンニンと墨が染料といわれ，安価な染料から得られる色合いであった．
着物の色だけではなく，その素材も麻または綿と，制約があった．

この時代になっても着色材料の多くが植物染料主体であった．合成染料のように鮮やかな色を簡単に得ることができず，目的とする色に着色するためには繰り返し染色しなければならなかった．この工程で生じた微妙な色差は独特の中間色を生み出した．藍染だけは濃い色であっても着用が許されたために，日本の代表的な色として紺色が定着したという．

13.2 色の基礎知識

13.2.1 光と色

光やものの色（図13-1）は，光が直接（光源色），透過（透過色），あるいは反射（反射光）した色が網膜から視神経を経て脳へと情報伝達されることで知覚される．太陽光をプリズムに通すと虹のような色の帯（スペクトル）になるが，私たちの目に見える光，つまり**可視光線**（図13-2）のうち，紫が最も波長が短く，紫よりも波長が短ければ紫外線という．最も波長が長いのは赤で，赤より波長が長ければ赤外線という．

色光の色を重ね合わせる混色を加法混色といい，色を重ね合わせるほど明るくなり，3原色（**光の3原色**）がすべて重なると白（透明）となる．一方，絵の具など色材を重ね合わせる混色を減法混色といい，3原色（**色の3原色**）を重ね合わせると黒（暗灰色）になる（図13-3）．

人が見分けることのできる色はおよそ750万色といわれるが，この膨大

可視光線：人が色として知覚するのは380～780 nmの域である．

光の3原色：赤（R），緑（G），青（B）．

色の3原色：赤紫（マゼンタ）・黄（イエロー）・青緑（シアン）．

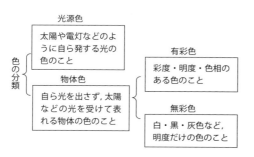

図13-1　色の分類

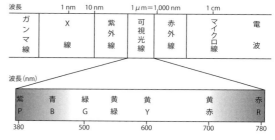

図13-2　可視光線

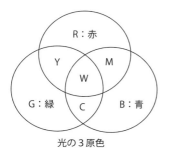

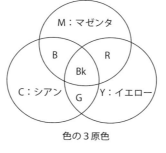

図13-3　光の3原色，色の3原色

色相　赤・青など，色みの違いを表す．

明度　明るさの度合いのこと．「白」は最も高く，「黒」は最も低い．

彩度　鮮やかさの度合いを表す．同一色相のなかで彩度の最も高い色を「純色」という．無彩色に彩度はない．

図13-4　色の3属性

な数の色に色名をつけるのは不可能に近い．しかし，色の把握や伝達のためには色を分類・整理する必要がある．色の分類に欠かせない要素である色相・明度・彩度を色の3属性という（図13-4）．また，明度と彩度を合わせた概念として**トーン**が使われることもある（図13-5）．

　赤・黄・青のような色相・明度・彩度のある色を有彩色といい，各色相で最も彩度の高い色を純色という．有彩色のうち，2つの色を混ぜ合わせて灰色になるような2色を補色という．

　白・黒・灰のように明度だけしかもたない色のことを無彩色という．

トーン：異なった色彩でも明度・彩度が同じ場合は同じトーンである．トーンのことを色調ともいう．

13.2.2　色の心理的効果

　私たちは色を見たり色名を聞いたりしてあるものを連想したり，あるいは嬉しい・寂しいなどといった，ある感情をともなったイメージをもつ（表13-5）．このように色が私たちの感情に直接働きかける効果を，色の感情効果という．

　青・青緑・青紫などは寒く（冷たく）感じる色で，寒色という．一方，赤・橙・黄などは暖かく（温かく）感じる色で，暖色といい，緑・紫などの温冷感を感じない色を中性色という．

　暖色や高明度の色は，隣に並べた色より膨張したり浮かび上がって見え（進出色），寒色や低明度色では収縮したり遠ざかって見える（後退色）．

　色の重量感には明度の影響が大きく，明度が高ければ軽く，低明度では重く感じる．また，寒色系より暖色系が軽く感じる．

13.2.3　色の視覚効果

　同じ色でも，その色が置かれている背景，隣に置かれる色や，その色を見る直前まで他の色を見ていた場合など，2つの色が影響してその違いが強調されて見える現象のことを色の対比という．色の対比には，色を同時に見たときの**同時対比**（表13-6），時間的にずらして見たときの継時対比のほかに，縁辺対比，補色対比などがある（表13-7）．

　対比とは逆に，ある色が他の色に囲まれることにより，周囲の色に近づ

同時対比：色相対比，明度対比，彩度対比がある．

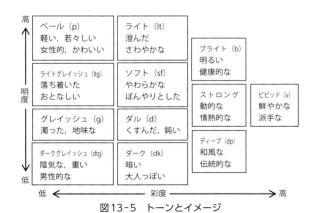

図13-5　トーンとイメージ

表13-5　色相とイメージ

赤	エネルギー，外向的，情熱的，活動的
ピンク	女性らしさ，平和，優しい，甘い
黄	明るい，元気，楽しい
緑	希望，成長，安らぎ，さわやか
青	清潔な，誠実な，平静，英知，忍耐
紫	高貴，優雅，神秘，伝統的
白	純潔，無垢，モダンな，清潔な
グレー	シックな，落ち着いた，静かな，渋い
黒	シャープな，フォーマルな，落ち着いた

表13-6 同時対比

色相対比	色相差によって生じる対比. 色相の違う色を組み合わせたとき,注目している色が背景色の補色の色に近づいて見える現象.
明度対比	明度差により生じる対比. 組み合わせた色の明度差が強調され,明度の高い色は明るく,明度の低い色は暗く見える現象.
彩度対比	彩度差によって生じる対比. 組み合わせた色の彩度差が強調され,彩度の高い色はより鮮明に,彩度の低い色はより鈍く見える現象.

表13-7 いろいろな対比

継時対比	見た色どうしが時間的に近接しているときに起こる対比. 同じ色でも,鮮やかな色を見た後に見ると色がくすんで見え,鈍い色の後では鮮やかに感じる.
縁辺対比	明るい色と暗い色が並んでいるとき色の境目で起こる対比. 白・灰・黒と並べておくと,白の隣の灰は暗く,黒の境界の灰は明るく見える.
補色対比	補色を並べると,互いに彩度が高くなったように見える対比. それぞれの色の彩度が高くなったように感じる.

いて見える現象を**同化現象**という.

また,同じ色であっても,面積の大小でその見え方や印象が変化することを,色の**面積効果**という.壁紙や外壁パネルなどの色選択をサンプルで行う場合は,できるだけ大きなものを用いるほうがよい.

同化現象：色相・明度・彩度の同化現象がある.

面積効果：同じ色でも面積が大きくなるほど明るく鮮やかに見える.

13.3 色の表示

13.3.1 色名

色の伝達は言葉による方法が最も一般的である.他の色と区別するために色には名前がつけられるが,これを色名という.最も基本的なものを**基本色名**という.基本的な色の違いを表す基本色名だけでは多くの色の違いを表せないので,基本色名に明度や彩度,色相に関する修飾語などをつけ表現する表示方法を系統色名という.

桜色やチョコレート色のように,植物や食べ物など,固有のものの名前からとられた色を**固有色名**という.このような固有色名のなかでも,ある時代に人々に慣用的に使用され,色の表現用語として生活の中に定着したものを**慣用色名**という(表13-8).

13.3.2 マンセル表色系

色を正確に再現・伝達するために,数値や記号を使って表現するものを表色系という.代表的な表色系として**マンセル表色系**がある.アメリカの画家で美術評論家でもあったマンセルが色を系統的に整理するために発案したもので,色相をH (hue),明度をV (value),彩度をC (chroma)の記号で示す(表13-9,図13-6).

基本色名：JISでは無彩色3色(白・灰色・黒),有彩色では10色(赤・黄・緑・青・紫・黄赤・黄緑・青緑・青紫・赤紫)を指定している.

固有色名：動物,自然現象,顔料・染料名,人物や地名,鉱物などからとられている.

慣用色名：JISに登録されている慣用色名は269色ある.

マンセル表色系：JISではマンセル表色系に基づいた色票を標準色票としている.

13.4 インテリアの色彩計画

近年では人々の価値観が多様化し,ライフスタイルも変化している.インテリア空間には,基本特性を備え居住者のさまざまな住まい方に対応するとともに,人々が安全に活動し,より快適に過ごせるような色使いが求

められる（表13-10, 13-11）.

　住まいはリビングや子ども部屋など，使用目的や利用者の異なる空間から構成される．それぞれの空間にふさわしい色彩環境を計画する上で，ゾーン別の配色検討が欠かせない．住まいのなかで最も公共性の高いパブリックゾーンは，家族以外に来客も含めて多くの人が利用するため，誰からも好まれる色を用いるなど，ゾーンの特性を考慮した色とする（図13-7）.

表13-8　和の慣用色名（例）

慣用色名	読み	対応する系統色名	マンセル値	解説
桜色	さくらいろ	ごくうすい紫みの赤	10RP9/2.5	満開の桜の花のような淡いピンク色
朱色	しゅいろ	あざやかな黄みの赤	6R5.5/14	印鑑の朱肉の色としても日常生活に馴染みが深い
萌黄	もえぎ	つよい黄緑	4GY6.5/9	春の若葉のような黄緑色
空色	そらいろ	明るい青	9B7.5/5.5	晴天の青空の色

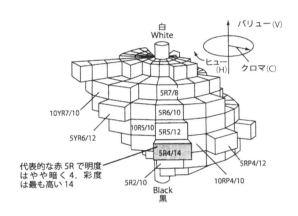

図13-6　マンセル色立体
（出典：インテリア大事典編集委員会編「インテリア大事典」壁装材料協会，1988）

表13-9　マンセルの色相

基本5色相	R（赤），Y（黄），G（緑），B（青），P（紫）
中間5色相	YR（橙），GY（黄緑），BG（青緑），PB（青紫），RP（赤紫）

表13-10　インテリア空間の特性

・床・壁・天井をベースにしている
・建具・家具・カーテンなどのさまざまな素材・色彩・形態のインテリアエレメントで構成されている
・自然光や照明光などと密接に関係している
・周辺環境や季節感などの影響も受ける

表13-11　空間に求められる色とは

空間に求められる色の要素	ポイント
目的や用途に応じた色かどうか	部屋により利用目的や機能が異なる．食事や就寝など，部屋の使用目的に合わせた色や配色が求められる．
長く住むことができる色か	大きな面積に使用される色は頻繁に交換ができない．長期間の利用が可能なよう飽きのこない色にする必要がある．
利用者に応じた色かどうか	家族など特定少数の人々の利用か，あるいは来客など大人数で使用する空間か，により求められる色は異なる．

13. 色の知識

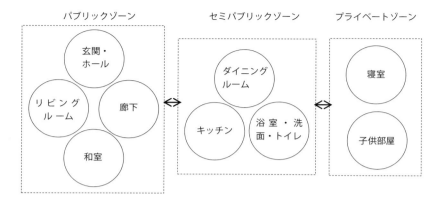

図13-7 ゾーン別の配色ポイント

パブリックゾーン：家族のだんらんの場所や来客のもてなし空間で，公共性が高く，自然素材やベージュ系などの色調が適している．

セミパブリックゾーン：他のスペースとのつながりを考慮し，パブリックゾーンと比べ，やや家族の好みの色を取り入れやすい．

プライベートゾーン：利用者自身の好みの色を反映させることができるが，寝室などは眠りを妨げない色にする．

表13-12 空間に用いられる色の配分

	ベースカラー	メインカラー（アソートカラー）	アクセントカラー
配分率	70%	25%	5%
エレメント	床，壁，天井など	カーテン，家具など	照明，インテリア小物など
色の用い方	基調色（無彩色）かそれに近い色．暗い色を下，明るい色を上にする方が圧迫感がない	ペール，ダル，ディープトーンなどの無彩色を強めた色調．ベースカラーの類似色，反対色	メインカラーよりトーンの高い色やその類似色，反対色
配色ポイント	大きい面積で空間に広がるため，強い色は避ける	空間に変化をもたらす色となる	季節の変化や個性を発揮できる

　空間全体としての質感やイメージ・色彩などが調和していると，空間に一体感が生まれる．空間に用いられる色が調和しているかどうかを検討することをカラーコーディネーション（あるいはカラーコーディネート）という．内装材や家具・建具の塗装色，インテリアファブリックスなど，インテリアを構成するインテリアエレメントの色彩を決めるには色の配分を考えることが重要である．

　空間に用いられる色と配分は，①床・壁・天井などの大きい面積に使用される色（**ベースカラー**），②カーテン・家具などに用いられる色（**メインカラー**），③照明やインテリア小物など，季節感や個性を発揮できる場所に用いられる色（**アクセントカラー**）の3つの区分で検討される（表13-12）．

メインカラー：アソートカラーともいわれる．

14. 住まいの材料と維持管理

14.1 住まいの構造と構法　　　　　　　　　　[北村薫子]

14.1.1 気候と建築材料

　建物は，古い時代から，その地域で産出される建築材料を効率よく用いて建てられてきた．「適材適所」，すなわち木が育つ地域では木材を骨組みとして組み立て，石が豊富な地域では石材を縦横に積んで建物を造る．
　日本は温暖湿潤な気候で，木が生育しやすいことから，木材を用いた軸組構法の建物が多い．さらに，木目模様の美しさを生かした家具の歴史も長い．現代ではコンクリートを用いた構造も多く，大規模な建物のほか，住宅に用いられることも増えてきた．ヨーロッパは乾燥した気候で地盤が硬く，石が多く産出されることから，組積造が多い．大理石の美しさを利用した家具や装飾なども見事である．組積造は地震に弱いことから，日本のような地震の多い地域には適さない．

14.1.2 構造・構法の種類

　建築材料を選び，建物の構造を決定する．例えば，木構造，鉄筋コンクリート造，鉄骨造などは，構造材料の種類を示す．材料の組み立て方を構法という．木構造では在来構法，鉄筋コンクリート造・鉄骨造ではラーメン構造や壁式構法が代表的な構法である．
　木構造の在来構法は，基礎の上に軸組（柱，梁）を組み，その上に小屋組を載せて躯体とする．一般的に木造住宅と呼ばれるものは，この構法である．建物の荷重は柱・梁から基礎，地面へと伝わるため，壁は荷重を担う必要があまりない．そのため，壁に大きな開口部を開けることや，壁を

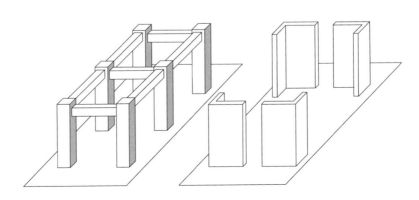

図14-1　鉄筋コンクリート造のラーメン構造と壁式構法

なくして襖や障子など建具を入れるなど間取りの融通性を高めることが可能である.

鉄筋コンクリート造は，型枠のなかで鉄筋とコンクリートを一体化させ躯体とする．柱や梁などの骨組みを組み，壁・床を一体化するものをラーメン構造，壁や床など板状部材を組み立てるものを壁式構法という．壁式構法は，建築中の天候の影響が小さく，品質管理，工期の短縮など利点も多いが，壁全体で荷重を支えるため大きな窓をとりにくい．

組積造は，石や煉瓦を積み上げて壁とし，その上部にアーチなどを造って屋根を載せるものである．日本でも城郭建築などに用いられた．

14.2　各種の建築材料　　　　　　　　　　　　　　[北村薫子]

14.2.1　木材

針葉樹は，通直な幹をもち，年輪に直角方向の圧縮強度が高く，構造材として柱，梁，小屋組などに用いられることが多い．広葉樹は，太く曲がりくねった幹をもち木目模様が美しく，板材に加工して家具などの仕上げ材に用いられることが多い．

幹の中心から1年ごとに年輪が重なる．温暖な季節は細胞が水分を多く含んで成長するため白っぽく見え，寒冷な季節には細胞が大きくならず密であるため黒っぽく見える．これが重なって年輪として現れる．幹の中心部は年数が経っているため黒っぽくて硬く，周辺部はまだ若いため白っぽくて柔らかい．前者を心材（赤身），後者を辺材（白太）という．成長した樹木は，伐採し加工した後，乾燥させる．含水率7〜15％程度以下まで乾燥させ，使用後に収縮や変形が起こることを防ぐ．

住まいで木材が使用される場所としては，床材のフローリングの面積が比較的大きい．椅子座の起居様式が定着したこと，ダニなどアレルギー源の温床となる畳やカーペットが敬遠され，掃除のしやすい床材を好む家庭

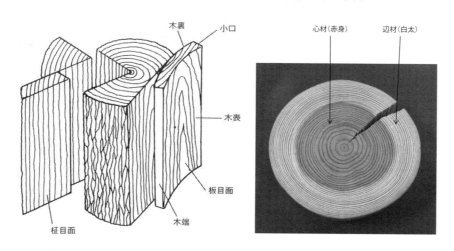

図14-2　樹幹の構造（左図出典：インテリア産業協会「暮らしとインテリア」産業能率大学出版部，2001）

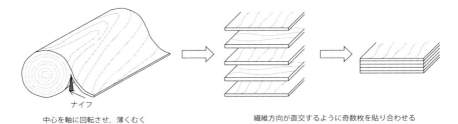

図14-3　合板の構造

が増えたことなどが要因と考えられる.

　木材から板状の材をとる場合，薄くスライスし貼り合わせて合板とする．繊維方向を直交させて奇数枚を貼り合わせ，乾燥収縮による反りや変形を相互に押さえる．強度の必要のない部材には，木材をごく薄くスライスした突板(つきいた)が用いられる．紙のような薄さで，他の材料の表面仕上げとして貼る．

14.2.2　コンクリート・モルタル・セメント

　コンクリートは圧縮強度の高い材料である．ポルトランドセメント・水・細骨材・粗骨材を混ぜて水和熱により硬化させる．引張強度が非常に弱いため，鉄筋と組み合わせ，鉄筋コンクリートとして用いられる．コンクリートを用いると耐火性に優れるが，工期が長くなりがちである.

　ポルトランドセメント・水・細骨材を混ぜて硬化させたものはモルタルとなる．木造であっても，モルタル塗り厚20mmの大壁構造とすることで，防火構造とすることができる（建築基準法施行令第108条）.

14.2.3　石材

　御影石と大理石が主である．御影石は鉱物の結晶が大きく，鉱物の色やきらめきによって異なった印象に見える．靴を履いて歩く床材や，門・墓石などにも使用できる強度と耐久性がある．大理石は，地球内部で圧力や化学変化により変性してできた石で，模様や色が特徴的で美しい．仕上げ材として豪華さや上品さをもっているが，熱や酸に弱く，暖炉や屋外のテーブル天板などに使うことは難しい.

14.2.4　土壁・砂壁・漆喰壁

　土壁は日本の伝統的な壁の1つである．竹を細く裂いたものを編んだ竹小舞を下地とし，荒土から仕上げ土まで粗さの異なる土を順に重ね塗りして造る．仕上げに近い段階で土に砂を混ぜて塗ると砂壁となる．聚楽壁（京都）や大津壁（滋賀）が美しさで有名である．古くから住まいにも用いられてきたが，脆く表面がけずれやすいこと，湿気に弱いことなど手入れの大変さから，使用は減少している.

漆喰は消石灰を主原料とし，壁の内装・外装ともに使われる硬い材料である．塗った後大気に触れさせることで固まる気硬性で，硬化するまで半年程度必要である．白漆喰が一般的であるが，黒漆喰を用いる地域もある．

14.2.5 ガラス

窓に用いられる一般的なガラスを建築用板ガラスという．透明で採光に適している長所とともに，衝撃で割れやすいという短所がある．高層階に多い網入りガラスは，割れた場合の破片の落下を防ぐことを目的としており，乙種防火戸としても用いられる．強化ガラスは，製造時に圧縮張力をかけ，みかけ上の引張強度の増大により衝撃に対する強度を上げる．破片は尖らずに粒状となる．合わせガラスは，2枚のガラスの間に透明なフィルムを入れて密着し，割れることを防ぐ．工具などを用いて割ろうとしてもフィルムが破れず，防犯効果を高める．型板ガラスは装飾的な要素やプライバシーを守る利点がある．

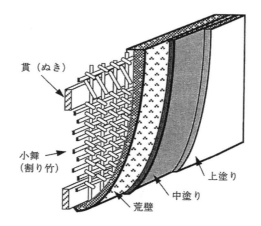

図14-4 小舞下地と重ね塗り （出典：嶋津孝之ほか「建築材料 第3版」森北出版，2001）

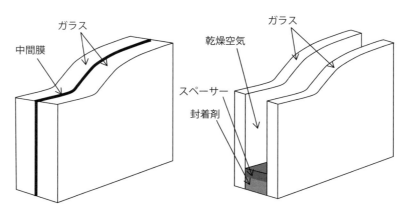

図14-5 合わせガラスと複層ガラスの断面模式図

窓は住まいの熱的な弱点でもある．複層ガラスは，2枚のガラスの間に乾燥空気を密封し，空気層の断熱効果で熱の伝導を遮断する．真夏の西日を受ける窓などに用いると，省エネルギー効果が高い．

14.2.6 畳

日本の伝統的な床仕上げ材料である．い草を編んで畳表とする．地域によって寸法の差がみられるが，およそ短辺が90 cm，長辺が180 cmである（表7-3参照）．

現在は和紙畳もある．和紙畳は紙をこより状にして編んだもので，着色が自由であり，表面を撥水加工することで丈夫にする．寸法も比較的自由である．

14.2.7 瓦・タイル・レンガ

土を高温で焼成したものをセラミックスといい，瓦，タイル，レンガなどが含まれる．木造建築の屋根には瓦を用いることが多い．一般的な住宅の屋根には桟瓦を用い，少しずつ重ねることで雨仕舞いをよくする．寺社仏閣の屋根には，平瓦と丸瓦を組み合わせた本葺き瓦が用いられる．瓦は土を焼いたもので，重量が大きい．1995年の阪神淡路大震災で倒壊した建物には瓦屋根の建物が多く，重心が高いことで揺れを増幅したという見方もある．近年は，軽くデザイン性に富んだスレートを用いることも増えている．本来は粘板岩を薄く剥いだものであるが，現在は強化繊維を入れた混合材を用いることが多く，施工もしやすい．

14.2.8 壁装材

日本の伝統的木造住宅は壁が少ないことから，間取りの自由度が高く，障子紙やふすま紙を貼った建具で部屋を仕切る．居室の床は木材の板貼りとするか，い草を編んだ畳を敷くほか，下足の空間は土をたたいた土間とする．構造材料がそのまま仕上げ材料となることから，「薄いインテリア」ともいわれる．

欧米のような組積造の住まいでは，室内が石材むき出しのままでは触覚

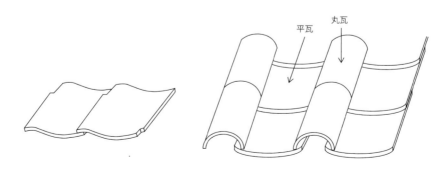

図14-6　桟瓦，本葺き瓦の模式図

的にも視覚的にも硬いことから，壁装材などの仕上げ材が普及した．これが内装材の発祥といわれる．布や紙を壁の意匠に用い，絨毯を床に敷くなど装飾される．

日本では住まいの西洋化に伴って壁装材が普及した．シート状の内壁仕上げ材を壁装材といい，素材，色，模様など多くのバリエーションがあり，安価である．「壁紙」と呼ばれることも多い．日本では，火災の危険から紙は用いられず，高分子材料で作られることがほとんどである．塩ビシートが長く使われてきたが，火災時に有毒ガスを発生させることから，PL法施行後，住宅メーカーなどは使用をやめるようになった．

14.2.9　インテリアファブリック

カーテンやカーペットのように布を用いたインテリア装飾材を，総称してインテリアファブリックという．居住者が好みや季節に応じて選ぶことができ，個性を反映しやすい．

カーテンはウィンドウトリートメントのポイントとなり，色や素材の選び方で室内の雰囲気は大きく変化する．近年は，ブラインドを用いてすっきりみせる工夫もみられる．カーペットは，ループタイプとカットタイプがあり，室用途によって選択する．ソファやクッションにもインテリアファブリックを用いることが多い．

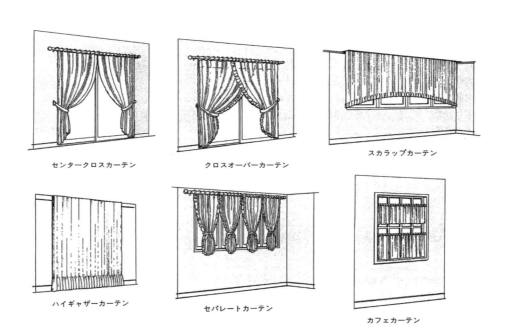

図14-7　カーテンのかけ方
(出典：インテリア産業協会「インテリアコーディネーターハンドブック販売編」産業能率大学出版部，2006)

14.3 機能性材料　　　　　　　　　　　　　　　　　　　　　［北村薫子］

14.3.1 断熱材

　太陽からの熱を受ける屋根と壁はしっかり断熱・遮熱しなくてはならない．構造材と仕上げ材の間に断熱材を入れることが基本である．材料にはグラスウール，ロックウールが用いられる．断熱材に隙間があると，熱が流入・流出するためよくない．一方，遮熱は材料表面で熱を反射して熱の流入・流出を遮断するものである．材料には高反射材料を用い，主に屋上，屋根表面に施工する．外装仕上げ材自体も熱を受けないことから，省エネルギーの効果が高い．

14.3.2 吸音材・遮音材

　生活の場である住まいには，音に関する問題が多い．特に集合住宅の音はクレームとしてたいへん多いものである．生活音には，空気音と固体音がある．空気音は，話し声や音楽が窓から聞こえるような音で，空気の通り道があると聞こえる．固体音は，床・天井や壁など躯体が振動して伝わる音で，軽量衝撃音と重量衝撃音がある．前者は，食器など比較的軽いものを落としたときなどに生じる．衝撃を吸収することで防げるので，床材をカーペットやコルクなど柔らかいものにすると軽減される．後者は，子どもの飛び跳ねなど重いものが床にぶつかった際に生じる．音量を軽減することは難しく，床を浮かせた二重床にするなど，建物の構造から対処することになる．

図14-8　断熱材（出典：牧野　唯ほか「住まいのインテリアデザイン」朝倉書店，2002）

14.4 住まいの維持管理　　　　　　　　　　　　［中村久美］

　循環型社会（第1章）における居住の基本は，住まいを長持ちさせることである．住まいの材料を「適材適所」で使用した上で，さらに一歩進んで，住まいの維持管理（メンテナンス）の意義（図14-9）を理解し実践したい．

14.4.1　住まいの点検・修理
　適切な維持管理には，築年数の経過による住まいの傷みや汚れ，不具合の点検が欠かせない．点検事項は，外壁の汚れやはがれ，屋根葺き材のひび割れ，ズレやそれによる雨漏りから，屋内の床，壁，天井仕上げの傷みや汚れ，建具や設備の不具合や配水管の詰まりなどである．
　点検は周期的に行う必要がある．部位により点検周期の目安があるが，1年のうちでは季節の変わり目がその契機になるだろう．台風シーズンを迎える前，梅雨入りの時期などに点検し，あらかじめ修理などの対応をしておけば大きな被害も避けられる．
　住まいの修繕は部位によって大体の目安がある．例えば外壁については，一般的なモルタル塗やタイル貼りでは，15～20年で全面補修が目安とされている．老朽化が進んでからの修繕は，費用も期日もかかり大きなコストとなる．点検，修理のガイドライン[1]や住まいの管理の手引き[2]などの情報を参考に，日ごろから点検とこまめな修理を心がけたい．

14.4.2　生活習慣としての住まいの手入れ
　住まいの維持管理の第一歩は日頃の掃除である．以前のように毎日掃除することは現実的ではないものの，汚れをためてしまうと強力な洗剤や物理的な力で取り除かなければならず，住まいを傷めてしまいかねない．掃除はまた，住まいの異常の発見の機会にもなる．
　さらに，年に1～2回は大掃除の習慣をもちたい．以前のような畳をあ

[1]：住宅金融支援機構「マイホーム維持管理ガイドライン」（http://www.jhf.go.jp/customer/hensai/hosyu_kanri.html）

[2]：住宅金融普及協会「住まいの管理手帳」

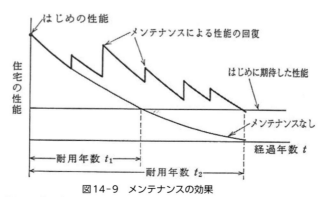

図14-9　メンテナンスの効果
（出典：疋田洋子「住居の管理」，日本家政学会編「住まいのデザインと管理」朝倉書店，p.151，1995）

げての大掃除の風景はすっかりなくなり，年末の大掃除もされなくなってきた．家具を動かし，普段の掃除ではやらない細部の手入れも行う大掃除は，前述の点検・修理の契機となり，住まいの維持管理にとって貴重な機会といえる．

【防火材料と内装制限】

建築基準法には，耐火や防火に関する規定がある．構造体の耐火性能と材料の防火性能がある（建築基準法第2条9など）．

表14-1 耐火材料と防火材料

分類		性能	材料
耐火材料		耐火被覆材料という．耐火試験において，1時間耐火から3時間耐火まで評価する．不燃材料であり，火災時に構造耐力上有害な変形や強度低下を生じないなどの耐火性能を有する．	構造体とモルタル，気泡コンクリート，ALC板などで耐火被覆する．
防火材料	不燃材料	火災時に20分間燃焼しない．	鉄鋼，コンクリート，瓦，レンガ，ガラス，漆喰など
	準不燃材料	火災時に10分間燃焼しない．	石膏ボード，木毛セメント板など
	難燃材料	火災時に5分間燃焼しない．	難燃合板，ガラス繊維混入FRP板など

【代表的な塗料の種類】

建築材料を素材の状態で使うことはほとんどなく，塗料を塗って仕上げる．塗料は多くの種類があるが，代表的な塗料を表14-2に示す．建材と塗料の組み合わせを覚えることは，インテリア関連業界で働くためには重要である．

表14-2 代表的な塗料の種類

名称	記号	適する建材	部位	特徴
オイルステイン	OS	木材	家具，内装	木目を残しながら着色することができる
ウレタンワニス	UC	木材	床，階段	塗膜が硬く，耐水性・耐摩耗性が高い
クリアラッカー	CL	木材	内装，家具	透明で，光沢がある 刷毛塗りは難しいためスプレー塗りが多い
アクリル系エマルションペイント	AEP	コンクリート	屋外，浴室，キッチン	着色・発色がよく，耐候性が高い
水性エマルションペイント	EP	木材，コンクリート	壁，天井，室内全般	耐水性・耐候性が悪いので水回りには用いない
油性ペイント	OP	木材，鉄	屋外全般	安価で，対衝撃性・耐候性が高い 有機溶剤を含むため，特有の臭いがある

参考文献

◆1章

飯野秋成：図とキーワードで学ぶ建築環境工学，学芸出版社，2013．
「建築のテキスト」編集委員会編：初めての建築環境，学芸出版社，1996．
資源エネルギー庁：エネルギー白書2010～2013．
資源エネルギー庁：総合エネルギー統計．
総務省：住民基本台帳．
日本エネルギー経済研究所：エネルギー・経済統計要覧．

◆2章

住環境の計画編集委員会編：住環境の計画2 住宅を計画する 第二版，彰国社，1998．
総務省：平成23年度社会生活基本調査 生活時間に関する結果．
総務省：労働力調査．
戸田建設グループ：UR都市機構によるルネッサンス計画1．

◆3章

影山穂波：郊外居住と地域活動―ジェンダーの視点から―，都市住宅学，30号，19-25，2000．
住宅・都市整備公団総務部広報課：URBAN LIFE 1994，住宅都市整備公団，1994．
内閣府大臣官房政府広報室：住宅に関する世論調査，2004．
奈良市教育委員会：奈良町（Ⅰ）―昭和57年度伝統的建造物群保存対策調査報告書，1983．
山口　廣編：郊外住宅地の系譜 東京の田園ユートピア，鹿島出版会，1987．

◆4章

渥美公秀監修：地震イツモノート 阪神・淡路大震災の被災者167人にきいたキモチの防災マニュアル，木楽舎，2007．
神戸女子大学家政学科梶木研究室：神戸市立W小学校における地域安全マップ活動．
国連大学：世界リスク報告2013（World Risk Report 2013）．
日本火災学会：1995年兵庫県南部地震における火災に関する調査報告書，1996．
日本建築学会：阪神淡路大震災 住宅内部被害調査報告書，1996．

◆5章

住環境の計画編集委員会編：住環境の計画1 住まいを考える，彰国社，1992．
住宅年鑑編集委員会編：住宅年鑑'64，日本住宅協会，1964．
西山夘三：日本のすまい（弐），勁草書房，1976．
日本家政学会編：住まいと住み方，朝倉書店，1990．
日本建築学会編：日本建築史図集，彰国社，1949．
牧野　唯・木谷康子・郡司島宏美・齋藤功子・北本裕之・宮川博恵・奥田紫乃・北村薫子：住まいのインテリアデザイン，朝倉書店，2002．
湯川聰子・井上洋子：住居学入門，学芸出版社，1988．

◆ 6 章

大阪ガス：大阪ガス実験集合住宅 NEXT21 住戸コンセプト集．
団地サービス：計画修繕の手引き．
奈良女子大学湯川研究室：住宅．
日本建築学会編：建築設計資料集成，丸善．
日本建築学会編：建築設計資料集成 6 建築—生活，丸善，1979．
牧野　唯・木谷康子・郡司島宏美・齋藤功子・北本裕之・宮川博恵・奥田紫乃・北村薫子：住まいのインテリアデザイン，朝倉書店，2002．
湯川利和：不安な高層　安心な高層，学芸出版社，1987．

◆ 7 章

尾上孝一・小宮容一・妹尾衣子・安達英俊：完全図解　インテリアコーディネートテキスト，井上書院，1995．
小原二郎・加藤　力・安藤正雄編：インテリアの計画と設計　第二版，彰国社，2000．
日本建築学会編：建築設計資料集成 3 単位空間 I，丸善，1980．
日本建築学会編：コンパクト建築設計資料集成，丸善，2005．
日本建築学会編：コンパクト建築設計資料集成［住居］，丸善，2006．
渡辺秀俊編：インテリア計画の知識，彰国社，2008．

◆ 8 章

相良二朗：在宅ケアハンドブック　老後のマイルーム，家の光協会，1999．
佐橋道広：実例でわかるバリアフリー改修の実践ノウハウ，オーム社，2011．

◆ 9 章

日本建築学会編：コンパクト建築設計資料集成［インテリア］，丸善，2011．

◆ 10 章

柴田　建：中古住宅のリノベーション／シェア／コンバージョンとコミュニティの再定義，住宅，**61**(7)，4-18，2012．
中村久美：集合住宅におけるモノの管理と収納様式の課題—生活管理の視点からみた収納様式に関する研究　第 3 報—，日本家政学会誌，**64**(7)，361-371，2013．
中村久美・今井範子：阪神・淡路大震災被災地域の公団住宅における住生活上の諸課題（第 4 報）非常時を考慮した近隣関係・組織のあり方，日本家政学会誌，**50**(6)，611-620，1999．
中村久美・今井範子：リビングダイニングの住生活における収納の問題，日本家政学会誌，**53**(1)，43-56，2002．
中村久美・今井範子：ライフスタイルからみた環境共生に関わる住み方と住要求，日本インテリア学会論文報告集，20 号，37-45，2010．
中村久美・今井範子・牧野　唯：集中収納空間としての納戸の使用様態とその評価—生活管理の視点からみた収納様式に関する研究—，日本家政学会誌，**62**(11)，709-720，2011．
日本家政学会編：住まいのデザインと管理，朝倉書店，1990．
濱　惠介：わが家をエコ住宅に，学芸出版社，2002．
UR 都市機構：住まいのしおり．
吉田桂二編：暮らしから描くキッチンと収納のつくり方，彰国社，1999．

◆ 11 章

警察庁：住まいる防犯 110 番．

小宮信夫：犯罪は「この場所」で起こる，光文社新書，2005.
宮田幹夫：シックハウス症候群，化学物質と環境，34号，1-3，1999.

◆ 13章
インテリア大事典編集委員会編：インテリア大事典，壁装材料協会，1988.

◆ 14章
インテリア産業協会：暮らしとインテリア，産業能率大学出版部，2001.
インテリア産業協会：インテリアコーディネーターハンドブック販売編，産業能率大学出版部，2006.
嶋津孝之・福原安洋・在永末徳・松尾　彰・中山昭夫・蓼原真一：建築材料 第3版，森北出版，2001.
住宅金融普及協会：住まいの管理手帳．
日本家政学会編：住まいのデザインと管理，朝倉書店，1995.
牧野　唯・木谷康子・郡司島宏美・齋藤功子・北本裕之・宮川博恵・奥田紫乃・北村薫子：住まいのインテリアデザイン，朝倉書店，2002.

索　引

あ行

アイレベル　44
赤身　98
アクセシブルデザイン　51
アクセントカラー　96
脚物家具　48
圧死　23
アフターメンテナンス　59
網入リガラス　100
アレルギー疾患　80
合わせガラス　100

維持管理　104
移乗　52
椅子座　44
一時収納　73
居間中心型　33
衣類の収納　72
色の3原色　92
色の心理的効果　93
インクルーシブデザイン　51

ウィンドウトリートメント　102
内法寸法　47

nLDK　35, 37
M字型曲線　10
エレベーター　41

黄金比　45
大掃除　74, 104
置き家具　48
オクタビア・ヒル　38
乙種防火戸　100
音環境　85
音の三要素　85
親子同居　11
温室効果ガス　1

か行

介護保険制度　52
改装　68
家屋倒壊　23
化学物質過敏症　81
襲の色目　91
可視光線　92

ガス状物質　87
型板ガラス　100
家庭内事故　77
可動収納家具　67
カビ　80
家父長的な家庭観　34
カーボンオフセット　4
カラーコーディネーション　96
換気　89
環境基本法　3
環境共生　5
監視性　78
完全同居　11
慣用色名　94
管理　38

キアロスクーロ　90
機械換気　89
企画　58
起居様式　44
キッチン　56
基本色名　94
基本設計　58
CASBEE　3
強化ガラス　100
共助　26
京都議定書　1
共用サービス　51
共用品　51
共用部分　39
居住形態　11
居住性能　7
居住地　74
禁色　91

空気遠近法　90
空気音　85, 103
空気環境　87
空気浄化策　88
区画性　78
区分所有法　39
グラスウール　103
クローゼット　72
クロ（clo）値　84

系統色名　94
減災　21
減築　68

建築環境総合性能評価システム　3
建築基準法　3

更衣　72
公園愛護協力会　76
郊外居住　16
工事監理　59
公私室分離型住宅　34
公助　26
構造　97
高層集合住宅　40
合板　99
構法　97
広葉樹　98
固体音　85, 103
COP　1
コーポラティブ住宅　38
固有色名　94
コレクティブ住宅　38
コンクリート　99
混色　90

さ行

災害大国　21
災害用伝言サービス　25
座位基準点　49
細骨材　99
最大作業域　45
差尺　49
座面　44
桟瓦　101
残響　86

シェアハウジング　11
色彩調和論　90
色彩文化　90
四十八茶百鼠　91
自主防災組織　76
自助　26
地震　22
自然換気　89
自然との応答性　67
自治会・町内会　76
シックハウス症候群　81, 87
シックビルディング症候群　87
実施設計　59
室内環境　66

室内環境要素　83
室内空気環境基準　88
室内濃度指針値　88
室礼　29
遮音性能　85
社会生活基本調査　8
奢侈禁止令　91
尺貫法　46
遮熱　103
住戸　37
集合住宅　36
住生活　66
住生活基本計画　7
住生活基本法　9
住宅改修　52
住宅建設五箇年計画　9
住宅性能　7
住宅性能表示制度　71
住宅セーフティネット法　57
住宅地区改良法　16
住宅履歴情報　71
収納　72
収納スペース　72
住要求　8
住様式　44
修理　104
シュヴルール　90
循環型社会　1
準人体系家具　48
準不燃材料　105
書院造　30
省エネルギー基準　83
衝撃音　85
衝撃音性能　85
照度基準　87
情報に関するモノ　72
食寝分離論　33
白太　98
新建材　81
心材　98
芯々寸法　47
人体系家具　48
人体寸法　43
寝殿造　29
針葉樹　98

出納頻度　73
水和熱　99
スケルトンとインフィル　6, 37
住まいのカルテ　71
住まいのしおり　75
住み替え　69
住み方調査　33
住み方のルール・マナー　75
住みこなし　67

3Dプリンター　63
3Dモデル　63
スロープ　54

生活管理　74, 76
生活空間　67
生活財　71
生活態度　75
接客本位型　32
設計図書　59
絶対湿度　84
窃盗　78
背もたれ点　49
セラミックス　101
ゼロ・エミッション　4
専有部分　39

総合設計制度　16
相対湿度　84
粗骨材　99
ソシオフーガル　48
ソシオペタル　48

た行

耐火材料　105
代謝量　84
耐震改修工事　25
耐震診断　25
耐震設計　25
大腿骨大転子　53
大理石　99
タウンハウス　36
高床式　29
竹小舞　99
畳割　47
竪穴式住居　29
建て替え　67
建物系家具　48
ダニ　79
段差　57
断層運動　23
断熱　103
断面図　60

地域コミュニティ　27
地域防災マップ　27
違い棚　30
地球環境　1
着衣量　84
中古住宅　69
長寿命環境配慮住宅　19
帳台構　30

通常作業域　44

突板　99
付書院　30
津波　23

抵抗性　78
適材適所　97
溺死　78
溺水　78
手すり　55
テラスハウス　36
田園都市論　16
展開図　61
点検　104
伝統色名　91
転落　78

トイレ　54
同化現象　94
動作域　44
動作空間　45
当事者意識　78
同時対比　93
同潤会　15
匿名性　41
都市居住　14
都市計画法　15
都市直下型地震　23
トーン　93

な行

中廊下型　33
南海・東南海地震　22
納戸　73
難燃材料　105

二酸化炭素　1
西山夘三　33
二地域居住　19
日本住宅公団　33, 36
人間工学　43

熱環境　83

農家　31

は行

配色技法　90
配置図　60
白銀比　45
箱物家具　48
ハザードマップ　26
柱割　47
パース　62

索引

パーソナルスペース　47
発生源管理　89
バリアフリー法　56
犯罪　41
阪神・淡路大震災　23
バンダリズム　38

PMV　84
東日本大震災　22
光環境　86
光の3原色　92
非常持ち出し袋　26
ビニールクロス　81
PPD　84
標準家族　9
標準設計　37
表色系　94
広間型　31
品確法　71

VOC　87
福祉用具　52
複層ガラス　101
不燃材料　105
フラット　36
雰囲気照明　87

平面図　60
ベースカラー　96
辺材　98

防火材料　105
防災学習　28
防災の三助　27
防災備蓄倉庫　27
ポルトランドセメント　99
ホルムアルデヒド　81, 88
本葺き瓦　101

ま行

まちづくり協議会　76
街並み　75
町屋　32
マンセル表色系　94

御影石　99
見積もり　59

虫干し　74

明視照明　87
メインカラー　96
メゾネット　36
メートル法　46
面積効果　94
メンテナンス　38, 104

モデュラーコーディネーション　46
モデュール　46
モノの保有量　71

や行

床座　44

浴室　54
四つ間型　31

ら行

ライフサイクルアセスメント　4
ライフサイクルコスト　4
ライフスタイル　9, 12

立体作業域　44
立面図　61
LEED認証　4
リノベーション　70
リビングアクセス　42
リビングダイニング　72
リフォーム　68
リモデル　68
略算値　43
粒子状物質　87
領域性　41, 78

ロックウール　103

わ行

ワークライフバランス　10

| 住まいのデザイン | 定価はカバーに表示 |

2015年3月30日　初版第1刷

著　者	北　村　薫　子
	牧　野　　　唯
	梶　木　典　子
	齋　藤　功　子
	宮　川　博　恵
	藤　居　由　香
	大　谷　由紀子
	中　村　久　美
	光　田　　　恵
発行者	朝　倉　邦　造
発行所	株式会社 朝倉書店

東京都新宿区新小川町 6-29
郵便番号　162-8707
電　話　03 (3260) 0141
Ｆ Ａ Ｘ　03 (3260) 0180
http://www.asakura.co.jp

〈検印省略〉

Ⓒ 2015〈無断複写・転載を禁ず〉　　シナノ印刷・渡辺製本

ISBN 978-4-254-63005-3　　C 3077　　Printed in Japan

JCOPY 〈(社)出版者著作権管理機構 委託出版物〉

本書の無断複写は著作権法上での例外を除き禁じられています．複写される場合は，そのつど事前に，(社)出版者著作権管理機構（電話 03-3513-6969, FAX 03-3513-6979, e-mail: info@jcopy.or.jp）の許諾を得てください．

堀田祐三子・近藤民代・阪東美智子編
これからの住まいとまち
―住む力をいかす地域生活空間の創造―
26643-6　C3052　　　　A5判 184頁 本体3200円

住宅計画・地域計画を，「住む」という意識に基づいた維持管理を実践する「住む力」という観点から捉えなおす。人の繋がり，地域の力の再生，どこに住むか，などのテーマを，震災復興や再開発などさまざまな事例を用いて解説。

東大 西村幸夫編著
まちづくり学
―アイディアから実現までのプロセス―
26632-0　C3052　　　　B5判 128頁 本体2900円

単なる概念・事例の紹介ではなく，住民の視点に立ったモデルやプロセスを提示。〔内容〕まちづくりとは何か／枠組みと技法／まちづくり諸活動／まちづくり支援／公平性と透明性／行政・住民・専門家／マネジメント技法／サポートシステム

東大 西村幸夫・工学院大 野澤 康編
まちの見方・調べ方
―地域づくりのための調査法入門―
26637-5　C3052　　　　B5判 164頁 本体3200円

地域づくりに向けた「現場主義」の調査方法を解説。〔内容〕1.事実を知る（歴史，地形，生活，計画など），2.現場で考える（ワークショップ，聞き取り，地域資源，課題の抽出など），3.現象を解釈する（各種統計手法，住環境・景観分析，GISなど）

職能開発大 和田浩一・早大 佐藤将之編著
フィールドワークの実践
―建築デザインの変革をめざして―
26160-8　C3051　　　　A5判 240頁 本体3400円

設計課題や卒業設計に取り組む学生，および若手設計者のために，建築設計において大変重要であるフィールドワークのノウハウをわかりやすく解説する。〔内容〕フィールドワークとは／準備と実行／読み解く／設計実務事例／文献紹介。

日本建築学会編
都市・建築の 感性デザイン工学
26635-1　C3052　　　　B5判 208頁 本体4200円

よりよい都市・建築を設計するには人間の感性を取り込むことが必要である。哲学者・脳科学者・作曲家の参加も得て，感性の概念と都市・建築・社会・環境の各分野を横断的にとらえることで多くの有益な設計上のヒントを得ることができる。

千葉大 宮脇 勝著
ランドスケープと都市デザイン
―風景計画のこれから―
26641-2　C3052　　　　B5判 152頁 本体3200円

ランドスケープは人々が感じる場所のイメージであり，住み，訪れる場所すべてを対象とする。考え方，景観法などの制度，問題を国内外の事例を通して解説〔内容〕ランドスケープとは何か／特性と知覚／風景計画／都市デザイン／制度と課題

日本デザイン学会環境デザイン部会著
つなぐ 環境デザインがわかる
10255-0　C3040　　　　B5変判 160頁 本体2800円

デザインと工学を「つなぐ」新しい教科書〔内容〕人でつなぐデザイン（こころ・感覚・行為）／モノ（要素・様相・価値）／場（風土・景色・内外）／時（継承・季節・時間）／コト（物語・情報・価値）／つなぎ方（取組み方・考え方・行い方）

前東大 高橋鷹志・工学院大 長澤 泰・東大 西出和彦編
シリーズ〈人間と建築〉1
環　境　と　空　間
26851-5　C3352　　　　A5判 176頁 本体3800円

建築・街・地域という物理的構築環境をより人間的な視点から見直し，建築・住居系学科のみならず環境学部系の学生も対象とした新趣向を提示。〔内容〕人間と環境／人体のまわりのエコロジー（身体と座，空間知覚）／環境の知覚・認知・行動

前東大 高橋鷹志・工学院大 長澤 泰・阪大 鈴木 毅編
シリーズ〈人間と建築〉2
環　境　と　行　動
26852-2　C3352　　　　A5判 176頁 本体3200円

行動面から住環境を理解する。〔内容〕行動から環境を捉える視点（鈴木毅）／行動から読む住居（王青・古賀紀江・大月敏雄）／行動から読む施設（柳澤要・山下哲郎）／行動から読む地域（狩野徹・橘弘志・渡辺治・市岡綾子）

前東大 高橋鷹志・工学院大 長澤 泰・新潟大 西村伸也編
シリーズ〈人間と建築〉3
環　境　と　デザイン
26853-9　C3352　　　　A5判 192頁 本体3400円

〔内容〕人と環境に広がるデザイン（横山俊祐・岩佐明彦・西村伸也）／環境デザインを支える仕組み（山田哲弥・鞘田茂・西村伸也・田中康裕）／デザイン方法の中の環境行動（横山ゆりか・西村伸也・和田浩一）

前奈良女大 梁瀬度子・和洋女大 中島明子他編
住　ま　い　の　事　典
63003-9　C3577　　　　B5判 632頁 本体22000円

住居を単に建築というハード面からのみとらえずに，居住というソフト面に至るまで幅広く解説。巻末には主要な住居関連資格・職種を掲載。〔内容〕住まいの変遷／住文化／住様式／住居計画／室内環境／住まいの設備環境／インテリアデザイン／住居管理／住居の安全防災計画／エクステリアデザインと町並み景観／コミュニティー／子どもと住環境／高齢者・障害者と住まい／住居経済・住宅問題／環境保全・エコロジー／住宅と消費者問題／住宅関連法規／住教育

上記価格（税別）は2015年3月現在